11/09!
8/17!

Stanisław Lem
Riskante Konzepte

Essays

Aus dem Polnischen von
Andreas Lawaty

Insel Verlag

Die Originalausgabe erschien im Jahr 2000
unter dem Titel *Okamgnienie* (Augenblick) im Verlag
Wydawnictwo Literackie, Kraków.
© Copyright by Stanisław Lem, 2000

© der deutschen Ausgabe
Insel Verlag Frankfurt am Main und Leipzig 2001
Alle Rechte vorbehalten, insbesondere das
des öffentlichen Vortrags sowie der Übertragung
durch Rundfunk und Fernsehen, auch einzelner Teile.
Kein Teil des Werkes darf in irgendeiner Form
(durch Fotografie, Mikrofilm oder andere Verfahren)
ohne schriftliche Genehmigung des Verlages reproduziert
oder unter Verwendung elektronischer Systeme
verarbeitet, vervielfältigt oder verbreitet werden.
Druck: AZ Druck und Datentechnik, Kempten
Printed in Germany
Erste Auflage 2001

1 2 3 4 5 6 – 06 05 04 03 02 01

Inhalt

Einführung 7

Dilemmata 11
Plagiate und Kreationen 22
Streit um die Unsterblichkeit 27
Fataler Stand der Dinge 34
Kosmische Zivilisationen 39
Statistik kosmischer Zivilisationen 46
$N = R * f_p n_e f_l f_i f_c L$ 58
Der Mensch im Weltall 66
Mit den Augen des Konstrukteurs 73
Robotik 80
Makrok 87
Intelligenz, Verstand, Weisheit 95
Paradoxa des Bewußtseins 104
Intelligenz – Zufall oder Notwendigkeit 109
Riskante Konzepte 116
Eine andere Evolution 123
Schwierigkeiten 130
Veränderungen 133
Tertio millennio adveniente 138
Die Zukunft ist dunkel 145
Logorhea 149

Einführung

Vor einigen Jahren erschien in Deutschland unter der Ägide des Bundesministeriums für Forschung und Technologie eine Arbeit mit dem Titel *Technologien des 21. Jahrhunderts* (Bonn 1993). Im Auftrag dieses Ministeriums haben Fachleute folgende Betätigungsfelder des Menschen im Bereich der Technologie als die wichtigsten ausgemacht:

1. Nanotechnologie – Strukturen von Molekülen und Atomen, die es ermöglichen, Schalter und Funktionselemente in winzigen Größenordnungen zu produzieren.

2. Sensorentechnik – Konstruktion miniaturisierter Meßfühler, nach dem Vorbild der Natur.

3. Adaptronik – verstanden als Brücke zwischen neuartigen Materialien und Systemen, die »intelligente« Strukturen aufweisen.

4. Photonik – dieser Begriff impliziert den Ersatz von Elektronen durch Lichtteilchen (Photonen), um Informationen zu speichern, zu verarbeiten oder zu transportieren, was die Geschwindigkeit der Datenverarbeitung gegenüber der herkömmlichen Mikroelektronik erheblich steigern sollte.

5. Biomimetische Werkstoffe – unter diesem Begriff verstehen die Autoren das Nachahmen von Baustoffen aus organischem Gewebe, wofür die von Insekten hergestellten Spinnennetze besonders oft als Beispiel angeführt werden, da sie eine Reiß- und Bruchfestigkeit sowie eine Elastizität aufweisen, die alles das übertreffen, was unsere Technologien bislang zu leisten imstande waren.

6. Fullerene – Neben Diamant und Graphit bilden sie die dritte Zustandsform des chemischen Elements Kohlenstoff. Die Broschüre sieht deren industrielle Nutzung voraus, beispielsweise in der Elektronik.

7. Neuroinformatik und Künstliche Intelligenz – diese soll herkömmliche Datenverarbeitung um die »Wissensverarbeitung« ergänzen.

Es ist charakteristisch, daß in dieser Broschüre weder über die Revolution der weltweiten Kommunikation (*World Wide Web*) noch über die erst erwachende und jetzt technisch-ethisches Interesse weckende Biotechnologie ein eigenes Kapitel, genauer gesagt, ein einziges Wort zu finden ist. Das obige Beispiel zeigt, welch eine undankbare Aufgabe es ist, künftige Technologien prognostizieren zu wollen. Noch schwieriger ist das von den Amerikanern so genannte *technology assessment*, also die Vorhersage der zivilisatorischen und sozialen Folgen der Implementation neuer Technologien.

Während ich das analysiere, was in den letzten knapp vierzig Jahren geschah, also seitdem ich *Summa technologiae* und *Dialoge* geschrieben habe, werde ich mich auf einzelne Kapitel der *Summa* berufen, nicht deshalb, weil ich sie verfaßt habe, und auch nicht, um dem Selbstlob freien Lauf zu lassen. Man sollte sich vielmehr vergegenwärtigen, daß ich mich Mitte des 20. Jahrhunderts in einer recht erbärmlichen Lage befand und durch das damals in Polen herrschende System vom Zufluß der Information, nicht nur der wissenschaftlichen, abgeschnitten war. Der Ausweg, den ich damals wählte, erscheint mir heute eigentümlich glücklich. Ich habe mit der Darstellung der Ähnlichkeit von zwei Evolutionen begonnen: der technischen und der biologischen. Ich ging dann zur Betrachtung des bis heute nicht gelösten Problems der kosmischen Zivilisationen über, um anschließend zwecks Beschäftigung mit der Entwicklung der »Intel(l)ektronik« auf die Erde zurückzukehren. Dies hat meiner Vorstellungskraft einen Schub versetzt, der sich in den darauf folgenden Kapiteln *Prolegomena der Allmacht*, *Die Phantomologie* und *Pasquill auf die Evolution* niedergeschlagen hat.

Diesem Werk ist die Tendenz eigen, die Zukunft aus der Vogelperspektive zu betrachten. Möglicherweise war die Distanz in Raum und Zeit, deren ich mich bedient habe, noch größer. Eine andere Perspektive, die sich um eine detaillierte Darstellung der künftigen Menschenwerke und der ihnen entspringenden Gefahren bemühen würde, machte keinen größeren Sinn: an dem Versuch, den zukünftigen Stand der Dinge bis ins einzelne zu konkretisieren, sind ungezählte Prognosen, die das 20. Jahrhundert in seiner zweiten Hälfte hervorgebracht hat, gescheitert. Detaillierte Vorhersagen sind schlichtweg unmöglich. Ich sage dies nicht, um mich zu schützen, vielmehr in Kenntnis all der Niederlagen der Futurologie, die danach trachtete, über Generalisierungen hinauszugehen.

Um den Unterschied zwischen dem theoretischen Wissen und dem praktischen Handeln des Menschen zu veranschaulichen, verweise ich auf die Worte des herausragenden Gelehrten Richard Feynman. Als einer der wenigen Auserwählten wirkte er in Los Alamos an der Entwicklung der ersten Atombombe mit. In seinen Erinnerungen berichtete er, wie das ganze theoretische Wissen über Atom- und Quantenphänomene nicht dazu ausreiche, um feststellen zu können, welche Elemente auf welche Weise den Lauf des Neutronenbündels verzögern, der für die Zündung beziehungsweise das Anhalten der Kettenreaktion des Uranzerfalls unabdingbar ist. Um die benötigten Daten zu erhalten, mußten die Wissenschaftler die Eigenschaften sehr vieler Elemente unter diesem Gesichtspunkt untersuchen, bis sich herausstellte, daß das Cadmium die Neutronen am besten absorbiert, insbesondere diejenigen, die die Kernexplosion initiieren. Man muß wissen, daß sich zwischen der theoretischen Physik, die in der Lage ist, das Modell des Atoms eines Elements zu konstruieren, einerseits, und dem Wissen um dessen chemische Eigenschaften, die in molekular verschlungenen Strukturen auftreten, andererseits, sich auch heute noch ein tiefer Abgrund auftut.

Aus dem gleichen Grund, obgleich unbewußt, teilte sich mein Schaffen auf in einen allgemeinprognostischen und einen phantastisch-wissenschaftlichen Zweig. Innerhalb dieses zweiten Bereichs meines Schaffens konnte ich mir sogar verwegene Kühnheit leisten. Indem ich aber mein Denken und Handeln, so will es mir am Abend meines Lebens scheinen, unter den Schutz der Maßregeln der exakten Wissenschaften gestellt habe, blieb mir der Weg in eine Sackgasse in der Regel erspart. Nun ist die Zeit gekommen, meine beiden Werke, *Summa technologiae* und *Dialoge,* mit der Wirklichkeit an der Schwelle zum 21. Jahrhundert und den sich abzeichnenden neuen Feldern des menschlichen Handelns und Erkennens zu konfrontieren. Nicht das Bild eines allwissenden Weisen, vielmehr das eines freien Schriftstellers schwebt mir dabei vor.

Dilemmata

Eine selige Ruhe begleitete das Erscheinen meiner beiden Bücher, die ich in der Einleitung genannt habe. Heute, am Anfang des 21. Jahrhunderts, wandelt sich die Lage eher zum Schlechten hin: auf Probleme, die ich vor Jahrzehnten in aller Einsamkeit behandelt habe, stürzten sich mit großer Leidenschaft, von Modetrends angefeuert, Horden von Laien und Ignoranten, weil die modern angestrichene Idee von der Autoevolution des Menschen zum Slogan des Tages wurde. Wir haben es mit einer Informationsflut zu tun, die sich oft wissenschaftlichen Hochstaplern verdankt. In den Weiten der neu entstehenden Gebiete der Biotechnologie kann man leicht verlorengehen; diese läßt sich nicht mehr auf die Entschlüsselung der Erbsubstanz des Menschen reduzieren, da die allgemeine Einheitlichkeit des nukleotiden genetischen Codes, der immer aus vier Nukleinsäuren in verschiedenen Verbindungen besteht und über die Entstehung oder Vernichtung der lebenden Gattungen in der Biosphäre entscheidet, unbezweifelbar feststeht. Wir haben es also zum einen mit der Makrogenetik zu tun, einem Wissensgebiet, das eher der Zukunft als der Gegenwart angehört, unter besonderer Berücksichtigung des Spezialgebiets, das die Karte des menschlichen Genoms entwerfen möchte, samt seinen kleinen Abarten, die für die Entstehung und die Existenz phänotypisch sichtbarer Unterschiede verantwortlich sind (es geht um Eigenschaften, die an der Oberfläche beispielsweise einen Eskimo von einem Schwarzen unterscheiden). Zum anderen aber auch mit der Mikrogenetik, die über die Systemausstattung des einzelnen Menschen entscheidet. Angesichts der gigantischen Komplexität dieser Lenker des Lebens, der Genome aller Gattungen von Pflanzen und Tieren also, werde ich hier nicht mehr tun können, als auf einige ausgewählte Beispiele einzugehen, die nicht unmittelbar mit dem Wissen über das Genom des Menschen in Verbindung stehen.

Die Spinnen (*Araneidae*) produzieren beispielsweise für ihre Spinnennetze Fäden, die infolge von eigentümlichen Genverbindungen elastischer und reißfester sind als Seide, Stahl sowie alle synthetischen Polymere einschließlich des Nylons. Spinnenfäden wurden bereits vor langer Zeit in Teleskopen benutzt. Gene, die für die Produktion dieser überaus festen Fäden in den Drüsen der Spinnen verantwortlich sind, synthetisieren die sogenannten Spidroine. Der einzelne Spinnenfaden besteht aus einer großen Zahl verflochtener Moleküle des Spidroins. Es ist erstaunlich, daß die aus synthetischen Polymeren gebildete Faser sich als eine überaus einfache und primitive Konstruktion erweist im Vergleich mit einem Spinnenfaden. Unsere Technologie kann nur mit großen Schwierigkeiten Methoden übernehmen, die zur Herstellung von dem Spinnenfaden ähnelnden Fasern notwendig sind. Die umfangreiche wissenschaftliche Literatur über die mikrofibrille Bauweise der Fäden macht es aber möglich, daß die Produktion von Fasern, die mit den Spinnenfäden vergleichbar sind, bald starten kann. Zumindest eine Nutzmöglichkeit einer solchen Produktion sollte man sich vergegenwärtigen. Jede Leine, von einem Raumschiff auf die Erde heruntergelassen, würde unter dem eigenen Gewicht reißen. Von den Spinnen belehrt, könnten wir Leinen produzieren, die so leicht und reißfest wären, daß ein Raumschiff in der Lage wäre, Gewichte wie mit einem Aufzug von der Erde hochzuziehen.

Dies wäre nur eine der zahllosen Möglichkeiten der biotechnologischen Anwendung von Produktionsmethoden, die von der Evolution in Dutzenden von Jahrmillionen hervorgebracht wurden. Das genannte Beispiel hilft uns zu verstehen, wie verstiegen diejenigen sind, die die baldige Entstehung eines »künstlichen Gehirns« proklamieren. Niemand weiß, wie viele Neuronen ein durchschnittliches menschliches Gehirn zählt. Seinerzeit brachte man mir bei, es gebe zehn Milliarden davon, gegenwärtig geht man vom Vielfachen aus. Vergegenwärtigt man sich, daß die Nervenzelle eines einzelnen Neurons sich über sogenannte Synapsen mit mindestens Hunderten, gelegentlich Tausenden weiteren Zellen kontaktiert, dann entsteht ein Bild, angesichts dessen sich Kasparows siegreicher digitaler Schachgegner Deep Blue in einen anderthalb Tonnen schweren Klotz verwandelt. Es scheint überaus plausibel, daß das menschliche Gehirn in Übereinstimmung mit John von Neumanns Formel vom »sicheren System aus unsicheren Elementen« gebildet ist. Auf die Amateure und Enthusiasten der »Künstlichen Intelligenz« wartet noch ein langer, von Hindernissen und Fallen übersäter Weg.

Vielleicht wird es unter der Entwicklung und Anwendung der Nanotechnologie gelingen, eine künstliche Intelligenz zu konstruieren: die an führenden amerikanischen Labors wirkenden Wissenschaftler sind davon überzeugt, daß wir an der Schwelle einer neuen Epoche der Elektronik stehen. Erst vor wenigen Jahren gelang es, eine elementare Einheit des

Computersystems, das sogenannte Gatter, aus nur einem Molekül zu bauen. Die Molekularelektronik ist also keine nebulöse Zukunftsvorstellung mehr, die ersten Schritte auf dem Weg der Realisierung wurden bereits zurückgelegt. Darüber hinaus wurde nicht nur die binäre alphanumerische Ebene mit Hilfe entsprechend in Moleküle gefügter Atome erreicht, sondern auch der Einsatz einer neuen Technik der Produktion von Leitern mit nur einem Dutzend von Atomen Durchmesser von Erfolg gekrönt. Die molekularen Schaltkreise, die Gatter also, müssen nämlich mit entsprechend mikroskopischen Leitern miteinander verbunden werden. Infolgedessen laufen auch Arbeiten an Systemen vom Typ RAM (*Random-Access Memory*), die nicht nur hundertfach kleiner als die heute hergestellten, sondern auch viel billiger in der Produktion wären. In Anlehnung an die Silicium-Mikroelektronik werden Bestandteile in der Breite eines Tausendstels des menschlichen Haars hergestellt, was hundert Nanometer oder einem hundertmilliardstel Meter entspricht. Obgleich dies nicht viel ist, wird auf der Ebene der Molekularelektronik eine Reduktion der Größe einzelner Komponenten auf einen Nanometer möglich. In einigen Jahren werden wir eine völlig neue Computerbautechnologie haben, die eine ebenso große industrielle Revolution auslösen wird wie seinerzeit der Übergang von der Kathodenstrahlröhre zu Transistoren in den fünfziger Jahren. Sollte es gelingen, alle Schwierigkeiten zu überwinden – die neue Digitaltechnik wird bereits mit Problemfeldern der Quantenmechanik fertig werden müssen –, dann kommt es zu einer veritablen Revolution in der Halbleiterindustrie in der ganzen Welt.

Bis heute werden Chips durch Einritzen von Siliciumscheiben hergestellt. Die Größe dieser Chips ist umgekehrt proportional zu den Herstellungskosten: je kleiner die Chips, desto höher erweisen sich die Kosten. Die Ausstattung großer Produktionsstätten, die sich des Lasers zum Einritzen einzelner Schichten der Übertragungssysteme auf Siliciumbasis bedienen, wird sich als überholt erweisen. Den Experten schimmert bereits eine völlig andere Methode am Horizont in Gestalt von chemischen Reaktionen, die eigenständig eine hohe Zahl von Molekülen in elementare Molekülbahnen zusammenfügen, dazu noch sehr kostengünstig. Dies kann zum Zusammenbruch großer Computerproduzenten führen, deren teure Ausstattung in die Nähe der Bedeutung einer Kerzenmanufaktur rückt, wenn man diese mit dem Hersteller von Leuchtstofflampen vergleicht. Die US-Administration erwägte die Aufnahme einer *National Nanotechnology Initiative* bereits am Anfang des Jahres 2000, um Forschungen in einem sich entwickelnden Fachgebiet wie der Molekulararchitektonik zu organisieren und zu überwachen. Möglicherweise wird das, was noch keinen eigenen Namen hat, außer dem von mir vorgeschlagenen: Quanten-Technologie, bald von den universitären Labors in die der Industrieunternehmen umziehen.

Die Silicium-Ära nähert sich wohl ihrem Ende. Es sieht danach aus, daß der nächste Sprung in die Minimikrowelt zur weiteren Annäherung an die Konstruktionstechnik führen wird, deren sich die organische Natur seit Jahrmilliarden bedient, basiert doch das biologische Vererben von Systemeigenschaften auf der molekularen Architektur der Nukleotide, die das Fundament evolutionärer Übertragung jeglichen Lebens darstellen.

Dabei gilt es, die Tatsache zu beachten, daß bis heute niemand weiß, wie das Leben entstanden ist. Die Spannweite der gegenwärtig verbreiteten Ansichten reicht von der Hypothese, daß es im unorganischen Sud des Erdinnerns entstanden ist, bis zu der Konjektur, daß sich präbiotische Konglomerate in der eisigen Kälte zusammengefügt haben. Unsere Lage, scheint mir, ähnelt dem genialen Gedanken eines Wilden, der das Funktionsprinzip der Steinschleuder erkannt hat und aufgrund dessen zu der Überzeugung gelangte, er könne bald auch ins Weltall fliegen. Diesem Bild entspricht auch der unter den Gelehrten verbreitete Spruch: es gibt keine komplizierte Erscheinung, die beim näheren Hinsehen sich nicht als noch komplizierter erweisen würde. Enervierend wirkt auch das von Naturphilosophen verbreitete Gerede von der bevorstehenden Übernahme der Steuerung des Evolutionsprozesses durch den Menschen selbst. Das Klonen des Schafes Dolly, das erst nach knapp dreihundert mißlungenen Experimenten zum Erfolg führte, evozierte Bilderreihen von vervielfältigten Einsteins oder verstorbenen Filmstarren, die man geradezu wie am Fließband »produzieren« könnte. Der von mir erwähnte Wilde wäre jedoch eher in der Lage gewesen, eine Weltraumrakete zu konstruieren, als daß es dem selbsternannten Bioingenieur gelingen könnte, den Menschen nach Maß zu klonen. Die Wahnvorstellung von geklonten Menschen erschreckte nicht nur Politiker, sondern auch Menschen anderer Professionen derart, daß man damit begann, den Weg zur experimentellen Nutzung von totipotenten Embryozellen gesetzlich zu blokkieren. Solche Initiativen sind aber verfrüht und muten an, als hätte man den alten Chinesen verbieten wollen, Drachen fliegen zu lassen, aus Angst, diesen könnten dann bald todbringende Überschallflugzeuge folgen.

Anders stellt sich die Frage des medizinischen Therapierens auf der Grundlage des heutigen genetischen Wissens. Wie aus heute publizierten, in der Zeit der Sowjetunion geheimgehaltenen Materialien zu erfahren ist, waren dort bereits in den zwanziger Jahren Versuche der Kreuzung zwischen höheren Affen und Menschen unternommen worden. Glücklicherweise ist nichts daraus geworden. Es ist wahr, daß zwischen Schimpansen und Menschen Unterschiede in einer Größenordnung von zwei Prozent auftreten, umgerechnet sind es aber Milliarden von Nukleotidpaaren. Die Frage, ob Gene, die in der Entwicklung zu vererbten Gebrechen führen, beseitigt werden können, dürfen oder sollen, wird zu Recht gestellt, doch fehlt uns bislang eine eindeutige Antwort, da sich bereits herausstellt, daß sie sich nicht generell für alle genetischen Unvollkommenheiten des Menschen mit »Ja« oder »Nein« beantworten läßt. Dringend notwendig scheint mir eine neue, stark verbesserte Ausgabe der *Enzyklopädie der Ignoranz* zu sein, da die zwanzig Jahre zurückliegende Ausgabe veraltet ist. Zur Biotechnologie ist dort nichts zu finden, geschweige denn über die mit entsprechendem Experimentieren verbundenen ethischen Probleme. Verschiedene transgene Erfahrungen haben bereits zur Züchtung vieler Nutzpflanzen geführt, nach wie vor sind diese Experimente aber von Ängsten begleitet, vor unbekannten Folgen der Streuung und des Verzehrs so andersartiger pflanzlicher Produkte. Eines kann man sicherlich generell sagen: dieses ganze Gebiet ist außerordentlich, geradezu den menschlichen Verstand übersteigend verzwickt und kompliziert.

Ein neuer Zweig der medizinischen Therapie ist zunächst in der Entwurf- und Experimentierphase aufgetreten und wird mir, neben den Spinnen, als Beispiel für die unerhörten Dinge dienen, die uns geschehen können, wenn wir die Losung: »Lebensprozesse ein- und überholen« in die Realität umsetzen. Diese Losung, die ich im Jahre 1963 formulierte, ist keine illusorische Vorstellung, sie wird vielversprechende, wenn auch bedrohliche Wirklichkeit.

Es gibt Phagen, die auf Bakterien, beispielsweise auf den in unserem Darm vegetierenden Stäbchenbakterien, parasitieren und hundertmal kleiner sind als ein einzelner Erythrozyt. Die Biologen behaupten, dies sei weder ein organisches noch ein unorganisches Geschöpf. Es ist nicht organisch, weil in ihm kein Stoffwechsel stattfindet. Der Phage hat einen »Kopf«, unter dem bei angemessener Vergrößerung fadenartige, gespreizte »Füße« zu sehen sind. Nachdem er die Bakterienzelle *Escherichia coli* gefunden und biochemisch erkannt hat, dringt er mit seinem »Kopf« in das Innere der Bakterie ein. In diesem Augenblick wird er zum Herrscher über die innerhalb der Bakterie ablaufenden Lebensprozesse und stellt die biochemischen Weichen derart dominant um, daß die Bakterie sich in eine Produktionsstätte von Hunderten von Phagen umwandelt und daran zerbricht, wogegen sich der Phagennachwuchs auf die Suche nach weiteren »Opfern« begibt. Viele Biologen waren der Auffassung, daß der Phage seine Begegnung mit dem »Bakterienopfer« dem Zufall verdankt. Gegenwärtig betrachtet man die Vorgänge dieser »Jagden« doch mehr teleologisch. Grundsätzlich entspricht der zickzackförmige Weg des Phagen dem Weg eines Teilchens, das der Brownschen Bewegung folgt. Die Bakterie scheidet jedoch in ihre flüssige Umgebung winzige Reste des Stoffwechsels aus. Dies hat eine Art asymmetrische Konzentration der Ausscheidungen zur Folge, und es ist zugleich die Spur, deren sich der Phage auf der Suche nach einer Bakterienzelle bedienen kann. Die Biologen neigen dazu, solche Phagen als unbelebte chemische Maschine zu bezeichnen, die sich erst innerhalb der Bakterienzellen vermehrt, nachdem sie deren Stoffwechsel unter Kontrolle bekommen hat.

Die oben vorgestellten Phänomene der Zielsuche der Phagen ordnet die Biophysik der Brownschen Bewegung zu, die von schwachen asymmetrischen Feldern gesteuert wird. Solche Prozesse treten häufig dort auf, wo wir es mit sogenannten fibrillen Proteinen zu tun haben. Im Netz des fibrillen Gewebes werden lebende Fasern energetisch aufgeladen. An einem solchen Gewebe entlang bewegt sich der von Biologen so genannte Gärungsmotor, also ein von Genen gesteuertes Elementarteilchen, das eine periodische Asymmetrie aufweist. Große Aggregate dieser Art, groß natürlich auf der Vergleichsbasis einer Zelle, vom Ausmaß vieler Mikrone, sind in der Lage, im Zuge des Aufbaus von genetischen Informationen verschiedene Substanzen zu transportieren, beispielsweise die ribonukleasen Polymerasen. In Anlehnung an die gesteuerten Brownschen Bewegungen zeichnet sich uns ein Bild künftiger Biotechnologien, die uns die Anwendung völlig neuer Methoden bei der Zufuhr von aktiven Verbindungen in die Tiefe des Organismus ermöglichen würden. Die sogenannte Mutter-Basis beispielsweise, gefüllt mit einem für den Organismus unentbehrlichen Produkt, bewegt sich in Übereinstimmung mit dem Blutkreislauf beziehungsweise mit dem Lymphgefäßsystem, und dies ist keine Erfindung. Die ersten, vergleichsweise einfachen Varianten dieser mikromaschinellen Technologie sind bereits im Entstehen begriffen. Nehmen wir an, es geht um Gas transportierenden Blutersatz. Seine Arbeitsweise beruht darauf, daß sehr kleine Teilchen von Fluorwasserstoffderivaten den Sauerstoff von den Erythrozyten zu den Geweben transportieren. Im Pulsaderblut erfüllen die Erythrozyten, die etwa hundertmal größer sind als die Emulsionsteilchen, eben die Funktion einer mit Sauerstoff beladenen Basis. Indem der Blutersatz dank dem normalen Blutverlauf periodisch zwischen den Erythrozyten und dem Gewebe zirkuliert und den Sauerstoff der Fluorwasserstoffteilchen in sich gut auflöst, trägt er dieses Gas von den Erythrozyten zu den Blutgefäßen, der Sauerstoff wiederum dringt von den Gefäßen ins Gewebe. Diese Art angewandter Biotechnologie erlaubt es, in die Tiefe des Organismus Heilsubstanzen an Organe zu schicken, an die sie adressiert sind. Bis heute ist es normal, die verschiedensten Medikamente oral einzunehmen, so daß sie sich über den ganzen Körper eher chaotisch und zufällig verteilen. Der neue Therapietypus wird es möglich machen, sich direkt an die Organe zu wenden, die der medizinischen oder schlichtweg vegetativen Unterstützung bedürfen.

So wissen wir also, obgleich von der Entschlüsselung der Prozesse der Biogenese weit entfernt, daß es neben der Nanotechnologie, die eher den Namen der Molekulararchitektonik verdient, im Bereich der Biosphäre auch die Pikoarchitektonik gibt. Die Vorsilbe »nano« bedeutet ein Milliardstel, »piko« wiederum ein Billionstel im metrischen Maß. Zusammenfassend muß es für dieses Kapitel heißen: leider ist alles viel komplizierter, als es vom Verstand eines Menschen erfaßt werden könnte, der die experimentelle Wissenschaft meidet und im Königreich des philosophischen Denkens Zuflucht sucht.

Plagiate und Kreationen

»Die Natur ein- und überholen« – diese Losung, die ich vor über dreißig Jahren veröffentlichte, sollte in ihrer lapidaren Knappheit einige disparate Aufgaben erfüllen. Teilweise war es nur eine Parodie auf den bolschewistischen Spruch: »den Westen ein- und überholen«. Obgleich ich in der Regel keine besondere Mühe aufwandte, um meinem Schreiben die Natur des Proteus angedeihen zu lassen, so schienen mir stilistische Mittel wie der obengenannte durchaus zulässig und begründet. Von deutlich geringerem Ehrgeiz war die darin verborgene prognostische Aussage, die schlicht und einfach meine Überzeugung zum Ausdruck brachte, daß unsere Zivilisation eine große Wende zur Biotechnologie hin erwartet. Zugleich verstand ich, daß es um eine wesentlich schwierigere Aufgabe ging als – sagen wir – die am Ende des 19. Jahrhunderts artikulierte Annahme, wir würden bald in Maschinen fliegen, die schwerer als Luft sind. Bei dem Meister, der Biologie, in die Lehre zu gehen muß lange dauern und mit Widrigkeiten verbunden sein, die nicht über Nacht bewältigt werden können. Als ich über das Plagiieren der Spezifik der Lebensprozesse schrieb und diese im nächsten Schritt sogar für Schöpfungen jenseits von Nuklein und Eiweiß vereinnahmen wollte, hatte ich ein Programm vorgezeichnet, dessen Realisierung auch nur in Ansätzen zu meiner Lebenszeit ich nicht für möglich hielt. Diese begrifflich-technische Leere, in der ich nach Wörtern, eigentlich nach Namen für künftige technobiotische Arbeiten suchte, hatte ihre guten und ihre schlechten Seiten. Gut war die Tatsache, daß ich über völlige Ausdrucksfreiheit verfügte und nicht, wie es heute der Fall wäre, dem Druck von ganzen mit entsprechenden Visionen gefüllten Bibliotheken ausgeliefert war, die ich ohnehin nicht hätte erfassen können. Schlecht war, wie das so zu sein pflegt, meine übermäßige, von nichts begrenzte Freiheit, Ideen zu entwickeln, die mir gerade in den Sinn kamen. Ich hatte keine Vorgaben, keine Vorbilder und Vergleichsmaßstäbe, nicht allein deshalb, weil es sie auf Erden nicht gab, sondern aus dem viel trivialeren Grund, weil alles, was ich schrieb, in dem diktatorischen Klima des sowjetischen Protektorats entstand. Bereits in den *Dialogen* mußte ich die Funktionsweise dieses Anordnungen-Verteilungssystems in eine kybernetische Analyse umstimmen und verkleiden. Ich habe ihm eine scheinbar unschuldige Verpackung aus dem nichtpolitischen Wortschatz verpaßt, insofern erfolgreich, als es mir gelang, dieses Buch nach unserem Oktober, im Jahre 1957, zu veröffentlichen. Allerdings in einer für die damalige Zeit sehr bescheidenen Auflage von dreitausend Exemplaren. Da jedoch meine »Übersetzung« in die Begriffe der Kybernetik von der Alltagssprache weit entfernt war, hielt sich die Wirkung der Veröffentlichung sehr in Grenzen, so daß die politisch- und sozialkritische Seite der *Dialoge* eigentlich erst im deutschsprachigen Gebiet erkannt wurde und die Verwunderung auslöste, daß »so etwas« in der Volksrepublik Polen überhaupt erscheinen konnte (die sowjetische wie die DDR-Zensur hat eine Veröffentlichung der *Dialoge* bis zum Fall der Mauer nie zugelassen). Kaum jemand hat heute noch eine Vorstellung von der Besonderheit der damaligen Zeit, als die Feder sich kurvenreich in den Fußstapfen des Äsops zwischen der Skylla der Unklarheit und der Charybdis der Konfiskation hin und her bewegen mußte. Diese zusätzlichen und für heutige Zeitgenossen sinnlosen Probleme der Gedankenbewegungen haben sich verflüchtigt. Gleichzeitig setzten in der allerwirklichsten Realität biotechnische Unternehmungen ein, und das Problem der Vereinnahmung beziehungsweise der Übernahme von Lösungen und Projekten, die bereits vor drei Milliarden Jahren vom Evolutionsbaum verwirklicht wurden, rückte in das Spektrum des allgemeinen Interesses.

Ich habe nicht vor, mit der Treffsicherheit meiner Prognosen zu prahlen, noch, die Fehlprognosen zu beklagen. Vor allem sollte man diejenigen zur Vernunft bringen, die aufgrund von kleinen Klonexperimenten den Weltraum im Augenblick mit technogener und xenogener Fauna und Flora gefüllt haben wollen. Den Briten ist es nach einigen hundert Versuchen gelungen, das geklonte Schaf Dolly aufzuziehen, also gewissermaßen einen Fidibus zu entzünden, den die Journaille wie auch die nach Ruhm lechzenden Lehrlinge in ein Megafeuer umgewandelt haben. Auf dem Umschlag des *Spiegel* tauchten im Gleichschritt marschierende Einsteine in Bataillonsstärke auf, und die Metastasen dieser Dummheit erlangten weltweite Verbreitung. Praktisch ohne Erfolg forderten die Biologen zur Nüchternheit auf, und sie taten dies aus gutem Grund, da sich recht bald herausgestellt hatte, daß zwischen dem Bau origineller Konstruktionen aus Bauklötzen und dem Klonen von Tieren (von Säugetieren allemal) tückische Unterschiede klaffen. Auch ist das höchst erfolgreich geklonte Tier kein Neugeborenes, vielmehr entspricht es altersmäßig dem Tier, dessen diploides Genom verwendet worden ist. Unabhängig davon stellte sich heraus, daß auch die scheinbar einwandfrei geklonten und aufgezogenen Kälber trotz regulärer Etappen der Fruchtbildung nach einigen Monaten verenden. Die aus solchen Experimenten gewonnene Erkenntnis zeigt, daß wir im Moment über die tatsächlichen Funktionen der embryogenetischen Prozesse herzlich wenig wissen, insbesondere darüber, was die Moleküle bei ihrer Übertragung auf den anderen Organismus steuert.

Selbst ein geringfügiger Fortschritt auf beliebigem Feld enthüllt uns ein gigantisches, bisher unsichtbares Vorfeld unserer Ignoranz. Wahr ist, daß man aus der Hefe Gene aussondern kann, die das Zytochrom der höheren Säugetiere und des Menschen kodieren. In der Tat gibt es zahlreiche Gene, die bestimmte sehr spezifische Eigenschaften des Organismus kodieren, beispielsweise die Farbe der Iris, oder schlimmer, das als Mukoviszidose bekannte Leiden. Zugleich wissen wir, daß es solche Eigenschaften des Organismus gibt, wie zum Beispiel die Intelligenz, die von sehr verschiedenartigen Genen kodiert sind. Folgt man einer recht verbreiteten Auffassung, wird die vollständige Kartierung des menschlichen Genoms den Architekten einer in ihrer Schöpfertätigkeit unbegrenzten Genetik Tür und Tor öffnen. Dies ist eine durch und durch falsche Vorstellung. Es wimmelt heute von unverantwortlichen pseudowissenschaftlichen Mutmaßungen, als würden uns die Wasser der biotechnologischen Möglichkeiten bereits bis zu den Knien reichen. Es hat sich gezeigt, daß die Mitochondrien der Weibchen Gene enthalten, die den Stoffwechsel der Zelle überwachen und konstituieren, weswegen das geklonte Geschöpf nicht in vollem Umfang die genetische Replik des elterlichen Genoms ist. Andererseits kommen wir beim Blick auf die niedergeschriebene Geschichte der langsamen Entwicklung aller Technologien des Menschen zu der Einsicht, daß die anfänglichen Niederlagen und Täuschungen allmählich einer fehlerfreien oder fehlerarmen Leistungsfähigkeit aller technischen Schöpfungen Platz machen. Ein Flug über den Atlantik war in der ersten Hälfte des 20. Jahrhunderts noch eine Heldentat, heute legen diese Strecke Hunderttausende Menschen zurück. Wir müssen uns jedoch dessen bewußt sein, daß sich zwischen der Phase der ersten Schritte und dem Höhepunkt einer völlig neuen Technologie ein Gelände voller Schwierigkeiten, Niederlagen, sogar Katastrophen ähnlich der von Tschernobyl ausbreitet. Meine Bemerkungen könnten dem Leser als ein Appell zum Rückzug erscheinen, dem ist aber nicht so – nur, über Prozesse, die das Natursystem von Linné initiiert haben, wissen wir einfach noch zu wenig.

Streit um die Unsterblichkeit

Hin und wieder habe ich darüber nachgedacht, doch fehlte mir der Mut, eine derart unheimliche Frage aufzugreifen, selbst in Form einer mit Zweifeln gefüllten Vorhersage, und so wagte ich die Unsterblichkeitschancen des Menschen nur im Schutze einer phantastischen Groteske anzusprechen. Möglicherweise hat mich jedoch ein Übermaß an Vorsicht gebremst. Die *International Herald Tribune* veröffentlichte am 9. März 1999 einen Artikel von David Ignatius unter dem Titel *Science is Warming to Intimations of Immortality*. Die Ausführung beginnt mit der Frage: Was wird in hundert Jahren die häufigste Todesursache sein?

Sollte jemand der Auffassung sein, dies sei eine einfache Frage, dann hat er der im Gang befindlichen Revolution in der Biotechnologie keine Beachtung geschenkt. William Haseltine, der Chef der Human Genome Sciences Inc., sagte: die wichtigsten Todesursachen werden Unfälle, Mord oder Krieg sein. Insbesondere drückte er die Vermutung aus, der menschliche Körper werde sich infolge einer Vermehrung der Möglichkeiten »regenerativer Medizin« sehr lange halten können. Von gegenwärtig tödlichen Krankheiten des Herzens, von Krebs, Alzheimer, sogar vom Alterungsprozeß selbst, wird nur noch eine alte Erinnerung der Gattung bleiben. Sterblichkeit ist gewiß das alles dominierende Problem der Menschheit, seitdem unsere Gehirne sich bis zu der Fähigkeit der Selbstreflexion entwickelt haben. Bis in die jüngste Zeit waren Wissenschaftler davon überzeugt, daß sich das Zellenmaterial, aus dem unsere Körper gebaut sind, verbrauchen muß. Unabhängig von der Wirksamkeit der Therapie von Tumoren oder Herzerkrankungen kann der Mensch nicht länger als hundertzwanzig Jahre lang leben, was ihn nach wie vor dazu bewegt, die Unsterblichkeit in das von Religionen verbürgte Jenseits zu befördern. Doch der erwähnte Amerikaner und andere Biotechnologen verkünden, daß neue Arten der medizinischen Therapie die heute geltenden Grenzen des Lebens sprengen werden.

Gemäß den veröffentlichten Voraussagen wird die Medizin zwischen den Jahren 2050 und 2100 einen solchen Fortschritt erreicht haben, daß die Menschen etwa alle zehn Jahre eine Dosis von Mutterzellen erhalten werden, die verschiedene Organe regenerieren können. Diese Zellen, in der biologischen Nomenklatur *totipotent* genannt, befinden sich im befruchteten Ei, und aus ihnen entwickelt sich das lebendige Ganze des menschlichen Organismus. William Haseltine, ein Gelehrter, der biochemische und pharmakologische Labors in Boston leitet, beschreibt den weiteren Weg der Medizin zur Unsterblichkeit des Menschen hin folgendermaßen: Heute, meint er, können wir Knie- oder Hüftgelenke ersetzen, im 21. Jahrhundert werden wir Repliken einzelner menschlicher Organe herstellen können und uns dabei Materialien mit einer Genauigkeit bedienen, deren Toleranz im atomaren Bereich liegt. Die Liste dieser mikroprothetischen Teile erfaßt künstliche Venen ebenso wie Netzhäute, sogar das künstliche Gedächtnis, das in neuronengleich gebauten Chips aufbewahrt wird. Den Beginn dieser Zukunft kann man in Rockville anschauen, wo biotechnische Firmen mit der Geschwindigkeit von Bakterienkulturen wachsen. Die Firma des Herrn Haseltine bedient sich eines von Robotern beaufsichtigten Produktionsbandes, was das alte biologische Labor in etwas verwandelt, das einer Kutschenfabrik ähnelt. In einem Hausflügel nimmt eine Reihe von Maschinen die »Entzifferung« der nukleotiden Spiralen des menschlichen Genoms vor. Die erste Generation der Maschinen konnte vor wenigen Jahren zweimal täglich sechsunddreißig DNA-Sequenzen analysieren. Die heutige Generation kann erfolgreich bereits viermal täglich sechsundneunzig Ketten schaffen. Die nächste Generation wird die Geschwindigkeit verdreifachen. Bislang erforschte man zwei Millionen Genfragmente und isolierte aus ihnen hundertzwanzigtausend verschiedene Gene, die in Gefrierschränken aufbewahrt werden. Darunter befinden sich zwölftausend »Signalmoleküle«, die andere Zellen zum Wachstum, Wechsel oder Tod stimulieren und daher besondere Eigenschaften als potentielle Arzneimittel besitzen. Sich dieses automatisierten Entdeckungsprozesses bedienend, produzierten die Labors drei Arzneimittel neuen Typs, deren klinische Erprobungsphase vor einem Jahr begann. Das eine Arzneimittel schützt das Knochenmark vor schädlichen Wirkungen der Chemotherapie, das andere hilft der Haut und dem darunterliegenden Gewebe, sich nach Verbrennungen schnell zu regenerieren, das dritte schließlich stützt die Regeneration der Blutgefäße. Selbst wenn die klinische Erprobung erfolgreich verlaufen sollte, wird die Einführung dieser Medikamente auf dem Markt noch einige Jahre dauern.

Es ist zugleich eine großartige und erschreckende Vorstellung – schreibt der Autor am Ende seines Aufsatzes –, daß die Wissenschaft in der Lage wäre, den

Grundprozeß der menschlichen Existenz, nämlich das Altern (die Seneszenz), zu untergraben oder gar aufzuheben. Auf diesem Weg müssen noch sehr viele Hindernisse überwunden werden, doch der Direktor der biotechnischen Werke stellt abschließend fest: Nun sind wir zum ersten Mal in der Lage, uns die Unsterblichkeit des Menschen vorzustellen.

Alle Prozesse, aus denen diese hier zusammengefaßte biotechnische Vision besteht, können auf den Austausch der verbrauchten Organteile durch neue zurückgeführt werden. Die Annahme, daß die Vollkommenheit der Funktionen und des Baus des menschlichen Körpers nicht mehr übertroffen werden kann, ist ein Anachronismus. Das zweite, unvergleichlich größere Problem liegt darin, daß jedem Leben, also nicht nur dem menschlichen, eine riesige Menge zeitlich irreversibler Prozesse zugrunde liegen. Bereits ein Neugeborener kommt mit für den Experten sichtbaren Merkmalen des künftigen Todes auf die Welt. Diese Merkmale verstärken sich und erhalten nach dem Reifungsprozeß den Vorrang, sichtbar als ein Prozeß des Alterns bis zum Grab. Um das menschliche Leben zu verlängern, vielleicht sogar zu verdoppeln, müßte die biologische Dynamik derart verändert werden, daß sie reversibel würde. Man muß aber bedenken, daß der Tod, der Untergang der Einzelwesen jeder Gattung, zugleich der Motor ist, der die Evolution antreibt. Würde es den Tod nicht geben, könnte niemand, oder besser nichts die Erde bevölkern außer Bakterien. Übrigens, genau das sagte im Jahre 1972 mein Golem XIV. Ein Greis mit einem neuen Herzen, neuen Eingeweiden, neuer Leber etc. wird gewiß ein in vielfacher Hinsicht verjüngter Greis sein, aber eben ein Greis.

Ich erlaube mir, auf nur ein Konstruktionselement des menschlichen Organsystems hinzuweisen. Für die bei jungen Menschen so charakteristische Straffheit einer großen Anzahl von Geweben, allen voran der Haut, sind die elastischen Fäden der Kollagene verantwortlich. Infolge von deren allmählichem Schwund kommen Hautfalten, Furchen, hängende Backen, die Schlaffheit des Bindegewebes auf, begleitet von der Abschwächung des ganzen Bewegungsapparats, der allerdings nicht auf gut erhaltene Kollagene angewiesen ist. Ich nehme an, daß ein wirksamer Rücklauf der Zeit, das heißt die Umkehr des Stoffwechselverlaufs auf der Ebene der Moleküle, der Atome und sogar der Quanten, in der Tat zu einem Zustand führen könnte, in dem der Reifungsprozeß sagen wir eines zwanzig Jahre alten Menschen gewissermaßen angehalten würde, so daß er noch mit fünfzig Jahren über die Verfassung eines Zwanzigjährigen verfügen könnte. Wie man das heute tun könnte, wissen wir nicht. Die Technologie des Gewebe- und Organflickens ist unbefriedigend. Die Biotechnik müßte sich auf die Quantenphysik einlassen, obgleich auf diesem Gebiet nicht alle Prozesse zeitlich vollkommen rückgängig gemacht werden können. Selbst wenn die von mir genannte unfaßbare Revolution gelingen sollte, würden neue Hindernisse auftreten, von denen ich nur eines als Beispiel nennen möchte. Das Gehirn muß, wenn es sich zurückbewegt oder »gegen den Strom« der Zeit zurückbewegt wird, allmählich die Erinnerung verlieren. Demzufolge ist es möglich, sich einen Greis derart vollkommen verjüngt vorzustellen, daß er, wie ein Baby Laute von sich gebend, nicht wissen wird, wer er war, und sich als Persönlichkeit auflösen wird, obgleich er als biologisches

System sehr wohl erhalten bleibt. Dies wird eine vegetative Rettung sein, also ein Leben, das nicht die Bohne wert ist.

Ich bin der Auffassung, daß die folgende Feststellung, die praktisch alle Zweige der Wissenschaft betrifft, der Beachtung wert ist. Die Evolution, verstanden als Entwicklung, die nicht nur von ursprünglich einfachen zu zunehmend komplexen Zuständen führt, sondern auch temporal grundsätzlich irreversibel bleibt, ist der Oberbegriff unserer Erkenntnisprozesse von der Kosmologie und Astrophysik über die Geologie und Biologie bis zur Atomphysik. Aus Gasen, die atomweise im Vakuum verteilt sind, vor allem aus dem Wasserstoff, entstehen Aggregationen, die sich zu Spiralgalaxien entwickeln. Sterne wiederum entstehen als Kondensate in den Armen der Spiralgalaxien, die von der Gravitation so lange zusammengepresst werden, bis eine nukleare Kettenreaktion ausgelöst wird, die immer schwerere Elemente hervorbringt und die Nuklearenergie abstrahlt. Der Energieverlust schließlich führt zum Zusammensturz des Sterns und zum Ausbruch einer Nova oder Supernova. Die von den Explosionen abgestoßenen Elemente bilden Planeten, die um die Sterne der nächsten Generation kreisen, doch müssen auch diese einmal erlöschen. Wir sehen, daß kosmische Prozesse der Evolution unterstehen. Sie ist irreversibel, und wie wir bereits jetzt wissen, wird sie ihren Lauf nicht anhalten, bis nach Milliarden von Jahren das ganze Weltall in Dunkelheit versinkt.

Auch die Lebensprozesse sind grundsätzlich irreversibel, da sie vom Stoffwechsel angetrieben werden, der ebenso eine Verbrennung bedeutet, nur keine nukleare, und im Vergleich zum Feuer der Sterne überaus kühl verläuft. Aus diesem Grund fällt es uns schwer, uns die Unsterblichkeit als Umkehr des Verlaufs normaler metabolischer Prozesse in der Zeit vorzustellen. Sollte ein solches Unterfangen einmal gelingen, würde dies, meiner Ansicht nach, den größten Triumph des Menschen bedeuten, einen Triumph über die Universalität der nicht umkehrbaren Evolution. Nur dann, wenn ein solch verwegenes Unterfangen gelingen würde, könnte über eine signifikante Verlängerung des Lebens eines Einzelwesens beliebiger Gattung, also auch des Menschen, nachgedacht werden.

In der April-Nummer 1999 des *Scientific American* war die Mehrzahl der Beiträge der erst im Entstehen begriffenen Gewebetechnik gewidmet, die den Anbau neuer Organe wie Herz, Leber, Nieren in künstlicher Umgebung von bevorzugterweise den sogenannten Embryoblasten entnommenen Zellen ermöglichen sollte. Das befruchtete Ei erzeugt eine Blastula mit Zellwand, aus der sich ein Embryoblast nach innen senkt, der dazu fähig ist, sich in einen fruchtbaren Keim und dann in ein Lebewesen umzuwandeln. Einstweilen schreibt man über diese Gewebetechnik und experimentiert mit ihr, aber nur wenn die Entwicklung ein der heutigen Wissenschaft entsprechendes Tempo annehmen würde, wäre die Auffassung zu vertreten, daß in einer weiten Zukunft, am Ende des Weges sich ein Wahnbild vom unsterblichen Menschen abzeichnet, das die verwegenen Federn amerikanischer Journalisten bereits heute in die Spalten der Tagespresse herbeirufen, wenn sie uns das Erreichen individueller Unsterblichkeit ankündigen.

Fataler Stand der Dinge

Nach der Lektüre der Herbstnummer einer Vierteljahresschrift, die vom Redaktionsteam des *Scientific American* herausgegeben wird und den Titel *Your Bionic Future* trägt, sehe ich mich als regulärer Leser der von der Russischen Akademie der Wissenschaften auf hohem Darstellungsniveau herausgegebenen Monatsschrift *Priroda* gezwungen, mit Bedauern festzustellen, daß die Wissenschaftlichkeit des amerikanischen Periodikums einer Erosion ausgesetzt ist, die sich in marktschreierischer Anmaßung und in Versprechungen von bereits kurz vor der Enthüllung stehenden großartigen Errungenschaften manifestiert. Ein amerikanischer Neurochirurg preist in einem Aufsatz unter dem Titel *Head Transplants*, also *Kopftransplantationen*, das düstere Bild kopfloser menschlicher Rümpfe und daneben neuer, also junger, man weiß nicht woher stammender Köpfe an und stützt seine blutig-optimistische Prognose mit dem Bericht darüber, wie es ihm gelungen sei, den Kopf eines Rhesusaffen auf den Rumpf eines anderen zu transplantieren, mit dem dieses unglückselige Tier gar acht Tage lang gelebt habe.

Dieses medizinische Konzept, das die Individualität zerstört, aber glücklicherweise nie realisiert werden wird, ist nur eine von vielen Sensationen, die den Leser dieses Heftes ansprechen sollen. Viele, leider zu viele Innovationen, die ich in der Phantasie erfunden habe, werden in der genannten Vierteljahresschrift vorgestellt, als stünden sie *ante portas*. Mutterzellen, natürlich menschliche, sollen den Grundstock für den

Aufbau von Ersatzteillagern mit Systemorganen bilden. Eine Genimpfung wird zur Vermehrung von Muskelmasse führen und jede sportliche Betätigung überflüssig machen. Würmer, Fliegen und Tauben werden uns, Menschen, belehren, wie wir besser und länger leben können. Die Biologie, gestützt durch die Technik, entwirft bereits neue Arten von Gefühlsregungen, die wir in naher Zukunft werden erleben können. Kybernetisch programmierte Schöpfungen werden alltäglich sein. Die Beschleunigung des technologischen Fortschritts führt dazu, daß das intelligente Schaffen des Menschen von biotechnologischen Hybriden überholt und in den Schatten gestellt wird. Ehepaare werden den eigenen Nachkommen entwerfen. Auch Erotik und Sex werden einer chemischen Technologisierung unterzogen – bald wird man den »idealen« Partner über den Geruchssinn ermitteln können. Kartoffeln werden nicht nur schmecken, sondern uns auch vor Cholera schützen. Das Fleisch wird von Synthetisatoren hergestellt. Jedermann wird über einen Genpaß verfügen, der dem Arzt die Möglichkeit geben wird, sich mit einem Blick für ein Arzneimittel zu entscheiden, das über Leben und Tod bestimmen wird. Am Rande möchte ich noch hinzufügen, daß mich meine Erfahrungen als Leser von wissenschaftlichen und populärwissenschaftlichen Zeitschriften zur folgenden Praxis gezwungen haben: ich lese nur noch Artikel, die von wahren Gelehrten, insbesondere von Nobelpreisträgern verfaßt sind, meide dagegen – gleichsam wie tödliche Viren – Texte, deren Autoren man *science writers* nennt. Dieser in Europa wenig verbreitete Beruf sollte eigentlich der Vermittlung dienen zwischen den in ihren Labors eingeschlossenen Gelehrten und dem breiten Publikum.

Kritisch könnte jemand vermerken, daß ich vor fünfundvierzig Jahren auf der Titelseite meiner *Dialoge* folgende Zusammenfassung des Buchinhalts plaziert habe: »Dialoge über die atomare Wiederauferstehung, Theorie der Unmöglichkeit, philosophische Vorteile des Kannibalismus, Trauer im Reagenzglas, kybernetische Psychoanalyse, elektrische Metempsychose, Rückkopplungen der Evolution, kybernetische Eschatologie, Individualität der Netzwerke, Hinterhältigkeit der Elektronengehirne, ewiges Leben in der Kiste, Konstruktion von Genies, Epilepsie des Kapitalismus, Regierungsmaschinen, soziologische Konstruktionen.«

Über die Möglichkeit, das ewige Leben zu erreichen, habe ich damals schon geschrieben. Alles jedoch, was ich beschrieben und dann in *Summa technologiae* detaillierter erörtert habe, das waren in die weite Ferne greifende Visionen unseres Begriffshorizontes in der Mitte des Jahrhunderts, zeitlich so weit entfernt und für mich selbst so unerreichbar wie der Versuch, die sich am Firmament schwach abzeichnende Bergkette und die phantasmagorisch geformten Wolken definitiv auseinanderhalten zu wollen. Im nachhinein versuchte ich, solche Ausbrüche meiner Vorstellungskraft mit Hilfe verschiedener Bildmetaphern zu rechtfertigen, indem ich sie mit Reiseführern verglich, die den Reisenden verschiedene Berggipfel zeigen, ohne sie dazu zu animieren, sie alle auch zu besteigen, oder etwa das Bild eines exotischen Speisesaals samt seiner rätselhaften Speisen zeichnete, die wir nicht unbedingt alle kosten müssen. Ich bemühte mich auch, nicht nur die technischen und biotechnischen Schwierigkeiten zu unterstreichen, die uns unterwegs begegnen werden, vielfach wies ich auch auf die Notwendigkeit hin, an verschiedenen Stellen der gefährlichen Gabelungen bedacht, moralische Normen aufzustellen. Trotzdem, während ich die Möglichkeiten des vor uns liegenden Jahrtausends ausbreitete, verhielt ich mich – muß ich heute feststellen – wie der sprichwörtliche Zauberlehrling.

Die von mir vorgestellte und bis heute nicht realisierte Chance biogenetischer Umsetzung einer systemorganischen Regeneration des Menschen, die verschiedenen einfachen Organismen eigen ist, erweckte doch seinerzeit nicht die Erwartung ihrer nahen Vollendung. In zahlreichen Schriften von Wissenschaftsvermittlern, die von erfolgreichen Versuchen leben, die schüchternen Schwärmereien der Wissenschaftler zur Größe von Sensationen aufzublasen, kommt vor allem die merkantile und kommerzielle Verbissenheit im Kampf um Ruhm zum Vorschein. Diese Art der Prognostik ist nichts anderes als eine Werbeeffekthascherei, die man in einem Anflug von Sarkasmus mit Friedhöfen vergleichen könnte: Wie bekannt, werden den Verstorbenen Lobeshymnen in die Grabsteine eingemeißelt, die sie als der Spitze der Menschheit zugehörig zu erkennen geben. Diese anmaßende Übertreibungslust beginnt bereits deutlich die Popularisierung der exakten Wissenschaften zu unterminieren. Beinahe jeder europäische Staat zählt seine Astronomen auf, die als erste Planetensysteme außerhalb unseres Sonnensystems lokalisiert haben. Die Entdeckung des AIDS-Virus wurde von einem Wettlauf zwischen Franzosen und Amerikanern begleitet. Eine außergewöhnliche Art des Wassers, die von den Russen entdeckt wurde, entpuppte sich als schmutziges Wasser. Die sogenannte kalte Kernfusion platzte wie eine Luftblase, nachdem sie in den Weltlabors überprüft worden war. Bald werden sich die Bücherregale biegen unter Veröffentlichungen, die Fälschungen in der Wissenschaft entlarven. Vorläufig besitze ich nur einige derartige Publikationen, ich sehe aber, daß die unter dem stalinistischen Schirm gezüchteten blumig-terroristischen Betrügereien von Lepeschinska und Lysenko sich keineswegs zusammen mit der Sowjetunion in Nichts aufgelöst haben. In einem Wort, man muß ein aufmerksamer, vorsichtiger, sogar mißtrauischer Leser sein, was freilich nicht bedeutet, daß die Gelehrten und die Vermittler ihrer Errungenschaften ein allgemein ansteckender Drang zum Fälschen erfaßt hätte. Vielleicht spendet es ein wenig Trost, daß die Lügner oft selbst nicht wissen, daß sie lügen. In einer Zeit, in der die Weltbevölkerung die Sechs-Milliarden-Marke überschritten hat, mußte auch die Zahl der wissenschaftlichen Publikationen und damit auch das Maß der ihnen beigemengten Dummheit zunehmen. Die Erfassung des heutigen Wissensstandes bleibt selbst in starker Zusammenfassung außerhalb der Reichweite eines einzelnen Menschen. In einem Gespräch, das ich mit jungen deutschen Philosophen geführt habe, illustrierte ich dies mit der Lage eines Menschen, der auf dem Bahnhof verschiedene Züge gleichzeitig zu erreichen versucht.

Kosmische Zivilisationen

Der Wunsch, außerirdische Zivilisationen zu suchen und zu finden, vor etwa fünfzig Jahren geboren, hat inzwischen zahlreiche und umfangreiche Arbeiten hervorgebracht, die auch die Regale meiner Bibliothek füllen. Die Erscheinung ist um so eigenartiger, als alle Abhörversuche sowie andere Suchaktionen nach Spuren vernünftigen Handelns im uns umgebenden Kosmos zu nichts geführt haben. Ich werde hier nicht die Formel abschreiben, die bei Erwägungen über die Probabilität der Existenz solch intelligenter Wesen im Weltall verwendet wird, die in der Lage wären, auf dem von ihnen bewohnten Himmelskörper eine Technosphäre zu erbauen, die eine notwendige Voraussetzung ist für die Sendung oder für den Empfang von Signalen einer Vernunft von anderen Planeten.

Auf der amerikanisch-sowjetischen Konferenz in Biurakan, die der Suche nach jenen hypothetischen Zivilisationen im Weltall gewidmet war, schlug ich pessimistisch vor, ein Komitee von Gelehrten sollte eine autofuturologische Gruppe hervorbringen, die Strategien für die Suche nach außerirdischer Vernunft entwerfen würde für den Fall, daß am Ende des 20. Jahrhunderts uns weiterhin nichts über denkende und handelnde außerirdische Wesen bekannt sein sollte. Ein solches Team von prognostizierenden Strategen wurde zwar nicht gegründet, indessen kam es allmählich zu einer überaus starken Reduktion unserer optimistischen Erwartungen.

Zum einen spricht und schreibt man inzwischen

nicht so sehr über technisch entwickelte Zivilisationen von außerirdischen Wesen, sondern bescheidener über die Hoffnung, im Weltall Spuren des Lebens in den einfachsten, nämlich bakteriellen Formen zu finden. Weder auf dem Mond noch auf dem Mars wurde bislang auch nur die geringste Spur des Lebens gefunden, erhalten blieb jedoch die Hoffnung, solche Spuren zumindest in der Form von Sporen auf dem Mars oder auf den Monden von großen Planeten unseres Sonnensystems und in deren Ozeanen unter der Eisschicht doch noch finden zu können. Die Hypothese über die Existenz von Wasser, sei es auch nur in Form von Eis, auf dem Pol des Mondes oder sogar auf dem inneren Planeten Merkur wird daher gegenwärtig gehätschelt als der letzte Zipfel der naiven Hoffnung von vor einem halben Jahrhundert. Damals wirkte Francis Drake, der bemüht war, Signale vernunftbegabter Wesen zu empfangen; kurz nach ihm oder eigentlich gleichzeitig legten der inzwischen verstorbene amerikanische Astronom Carl Sagan und der ebenfalls nicht mehr lebende russische Radioastronom Jossif Schklowskij die Grundlagen für eine Organisation, die in freier Übersetzung »Kommunikation mit außerirdischen Zivilisationen« hieß und sich anschließend in eine bescheidenere Vereinigung umwandelte, die sich der Suche nach solchen Zivilisationen widmete. Würde ich nur einen Teil der Gelehrten nennen, die sich dieser Aufgabe hingaben, so würde die bloße Aufzählung der Namen und der Arbeiten den Umfang dieses Buches sprengen.

Soweit ich weiß, hat es kein Zoologe oder Hippologe versucht, eine taxonomische Tafel der Zentauren aufzustellen, um die arabischen Homorosse von denen unterscheiden zu können, die von den Maultieren, insbesondere dem Esel abstammen. Der russische Astrophysiker Kardschew schuf jedoch eine dreistufige Skala außerirdischer Zivilisationen. Zu den jüngsten und am wenigsten entwickelten zählten auf dieser Skala die erdähnlichen Zivilisationen, die stärkeren waren in der Lage, ein eigenes Planetensystem zu beherrschen, die Zivilisationen der dritten Stufe dagegen konnten ganze Galaxien verwalten.

Die technischen Probleme interstellarer Kommunikation wurden sowohl auf der sowjetischen wie auch auf der amerikanischen Seite sehr solide bearbeitet. Die verschiedensten Arten von Sendern elektromagnetischer Wellen, von Teilchen- und Laserstrahlung wurden berechnet und einbezogen. Auch in unserem Lande fehlt es nicht an Enthusiasten dieser Problematik, der beispielsweise die Monographie von Subotowicz gewidmet ist. Unweigerlich drängen sich einem die Worte der Kritik auf, die recht gehässig an die vor lauter Denken und Schreiben ermüdeten Neopositivisten gerichtet war: Wenn ihr Flügel habt, warum fliegt ihr dann nicht?

Wir sahen uns gezwungen, ununterbrochen die Reichweite unserer Nachforschungen auszuweiten. Wir sahen uns ebenfalls dazu gezwungen, das Problemfeld der Signalübertragung gewissermaßen grundlegend zu teilen: in einen richtungsunabhängigen (isotropen) und einen richtungsabhängigen (anisotropen) Teil. Das Problem liegt darin, daß beim Aussenden von Signalen in alle Richtungen vom sendenden Planeten aus eine unvergleichlich größere Energie benötigt wird als beim Schmalbandsignal. Den Experten, mit Radioastronomen und Informatikern an der Spitze, ist es gelungen, die thermodynamisch unabdingbare Energetik des Senders und die deutlich geringere notwendige Kraft des Empfängers zu berechnen. Dies ändert aber nichts an der Tatsache, daß es uns nicht gelungen ist, »Brüder im Verstand« zu finden, und wir bekommen langsam den Eindruck – zumindest ein Teil der durch die Vergeblichkeit aller Unternehmungen Enttäuschten –, daß außer uns im ganzen Weltall niemand mehr zu finden ist.

Das ganze Problemfeld können wir aber auch mit einem Blick durch ein Vergrößerungsglas auf die rein irdische Geschichte betrachten. Dank der außerordentlichen Mühe der Geologen, Klimatologen und Paläontologen wissen wir, daß das Leben unseren Planeten »gerade erst« einige hundert Millionen Jahre nach dessen Entstehung befruchtet hat, also vor über vier Milliarden Jahren. In der letzten Zeit erfuhren wir, daß prokaryotische und für uns sonderbare Vielzeller dem Kambrium sogar vorausgegangen sind, in dem es zu einer veritablen Explosion von Gattungen gekommen ist. Das Leben wirbelte nur so in den Ozeanen. Aus den Urlanzettfischen, den Vorfahren der Wirbeltiere, sind Amphibien entstanden. Nach ihnen kamen Reptilien, und dann, vor fünfundsechzig Millionen Jahren, als mehrere Kataklysmen die hundertdreißig Millionen Jahre dauernde Herrschaft der Reptilien beendete, kam die Reihe an die Säugetiere. Gegenwärtig ist die Mehrheit der Paläontologen, insbesondere der amerikanischen, der Auffassung, daß die Menschenartigen (Hominide) ihre Entstehung einem infolge von Katastrophen entstandenen Ausriß in der Biosphäre verdanken. Es geschah also das, was man auf das ganze Weltall extrapolieren kann und worüber ich in dem Buch *Bibliothek des 21. Jahrhunderts* zwei Essays verfaßt habe,

Das Kreative Vernichtungsprinzip und *The World as Holocaust*: das schöpferische Prinzip im Kosmos wird durch die Destruktion determiniert. In dem Spruch, wir seien aus der Asche der Sterne entstanden, ist kein Körnchen von Übertreibung zu finden: innerhalb der Supernovae bilden sich in einzelnen Phasen nuklearer Kettenreaktionen immer schwerere Elemente, bis die Explosion, die die Existenz eines solchen Sterns beendet, diese Elemente über riesige Räume verteilt und wir zusammen mit unseren Planeten aus dem stellaren Staub entstehen können. Die Destruktion als Voraussetzung für die Entstehung von Planeten und Lebewesen ist daher keine Metapher. Wir wissen, daß vermutlich die beste Brutstätte des Lebens im sogenannten Rotationskreis der Spiralgalaxien, solcher wie die Milchstraße, zu finden ist, daß die dort eben entstehenden Sterne in der Lage sind, protoplanetär kreisende Nebelscheiben hervorzubringen und daß innerhalb dieser protoplanetären Wirbel Kondensate und aus diesen wiederum Planeten entstehen. Damit das Leben entstehen, sich festigen und schließlich auf einem Planeten überdauern kann, ist Wasser, vielleicht auch der Sauerstoff in der Atmosphäre unabdingbar. Die ursprüngliche Erde, die Urerde also, war weder von Ozeanen eingehüllt, noch hatte sie eine das Leben begünstigende Atmosphäre. Es will uns scheinen – und ich formuliere so aus Vorsicht –, daß das Leben, während es entsteht und sich ausbreitet, die Atmosphäre und das Wasser in der Umgebung derart mitgestaltet, daß diese der weiteren Entwicklung des Lebens zunehmend dienlich ist. Hinzuzufügen wäre, daß unsere technosphärische Zivilisation immer deutlicher an dem biosphärischen Ast sägt, auf dem wir sitzen. Die Menschheit kann, auch ohne nukleare Konflikte zu entzünden, sich selbst umbringen.

Es ist bekannt, daß den Menschen weder Fakten noch auf diesen beruhende und die Strukturen vernünftig erklärende Theorien genügen. Allein schon das Alter unserer wissenschaftlich-technischen Zivilisation, die auf der geologischen Uhr gerade nur einige Sekunden belegt, oder aber die interstellaren Entfernungen, die auch Planetensysteme voneinander trennen, entlarven das Märchenhafte und Mythische der angeblich existierenden und um die Erde kreisenden Objekte, UFOs genannt. Sowohl das Weltall als auch Milliarden darin kreisender Nebel und Hunderte Millionen von Planetensystemen verbergen immer noch von uns nicht ergründete Geheimnisse. Das genügt den Menschen aber nicht. Neben den Drogen, die heute viele Tausende und vielleicht Millionen von Menschen in der Welt vergiften, wird unser Verstand obendrein durch die rund um den Globus verbreitete Emission pseudokosmischen Unsinns befallen. Die Alten pflegten zu sagen: »*Mundus vult decipi, ergo decipiatur*« – »Die Welt will getäuscht werden, also wird sie getäuscht.«

Recht pessimistisch ist daher die Suche nach einer »anderen Vernunft« zu betrachten. Man muß sich vergegenwärtigen, daß auf der Erde in den vergangenen Jahrtausenden Hunderte Zivilisationen entstanden sind, daß sie sich über Jahrhunderte entwickelten, daß Kataklysmen wie Erdbeben oder uns in ihren Wirkungen unbekannte Explosionen nahe gelegener Novae und schließlich der von der jeweiligen Zivilisation selbst genommene Verlauf nicht unbedingt zur Konstruktion einer Technosphäre und der sie unterstützenden exakten Wissenschaften führen mußten. Zivilisationen, die in ihrer historischen Entwicklung Ruhepausen eingelegt haben, waren später gezwungen, und sind es bis heute, Technologien zu importieren, die im Mittelmeerraum ihren Ursprung nahmen und sich dann auf dem europäischen Kontinent verbreiteten, bevor sie auf die beiden Amerika übergesprungen sind. Dieses Bild macht deutlich, daß keine innere Notwendigkeit, kein zivilisatorischer Fortschritt gezwungenermaßen zu einer Phase des technologischen Potentials führen muß. Ein analoges Schema, das mehr an ein schicksalhaftes Herumirren in der Geschichte als an eine Entwicklungsleiter nach oben erinnert, ist auch auf anderen Betätigungsfeldern der Menschheit zu finden. Die Menschheit hat – um ein Beispiel aufzugreifen – um die fünftausend Sprachen hervorgebracht und eine nur geringfügig kleinere Zahl verschiedener Schriftarten, doch wurde das Buchstabenalphabet, dessen wir uns heute bedienen und das aus Kleinasien stammt und in Europa sowie in Teilen Eurasiens verbreitet war, nur einmal erfunden. Experten, zu denen ich nicht zähle, behaupten, daß dieses Alphabet für Informationsübertragung optimal ist, und doch ist es leider nicht so, daß das, was für uns das Beste ist, sich für unseren Weg auch immer erfassen und nutzen ließe.

Statistik kosmischer Zivilisationen

Entscheidend ist die Antwort auf die Frage, ob eine solche Statistik überhaupt existiert. Vorweg sollte festgehalten werden, daß eine Biosphäre und die in ihr entstandene Zivilisation natürlich zwei verschiedene Dinge sind, denn nur die letztere wird durch eine Gemeinschaft vernunftbegabter Wesen gebildet. Die Wahrscheinlichkeit der Entstehung und der Existenz von lebenfördernden Planeten halte ich für größer als die Wahrscheinlichkeit der Existenz kosmischer Wesen, die im Zuge der Entwicklung in der Lage wären, eine Technosphäre aufzubauen.

Die Anschauung, der Mensch sei ein universelles – und in jeder, insbesondere in gemeiner Hinsicht, einzigartiges – Muster vernunftbegabter Wesen auf anderen Planeten, gerät allmählich in Vergessenheit, nicht zuletzt dank der Filmindustrie, die praktisch über unbegrenzte Möglichkeiten im Bereich der Spezialeffekte verfügt. In meinen erschienenen Büchern widersprach ich nicht der These von der kosmischen Universalität des Menschen, obgleich bereits damals in mir die Konzeption von unserer lokalen Zufälligkeit zu reifen begann. Es ist jetzt also für mich die Zeit gekommen, eine radikale Revision anthropogener Prämissen der Vernunft vorzunehmen. Dabei geht es gar nicht so sehr darum, daß beim Ausbleiben des meteoritischen Kataklysmus vor fünfundsechzig Millionen Jahren sowie seiner seismischen und klimatischen Folgen nicht beinahe alle Reptilien (Dinosaurier) ausgelöscht und der riesige Ausriß in der Biosphäre nicht entstanden und demzufolge auch nicht von Säugern, Hominoiden, Anthropoiden und schließlich Hominiden aufgefüllt worden wäre, die sich alle in zahlreichen Gattungen vervielfältigt haben. Übrigens war die Katastrophe der Juraformation, die die Reptilien entthronte, nicht die einzige in der Geschichte der Erde. Viel früher zerstörte der Kataklysmus im Perm durch Genozid über neunzig Prozent alles dessen, was vor beinahe einer Viertelmilliarde Jahren auf der Erde und in ihren Ozeanen lebte. Um über die Entstehung der Tierwelt auf unserer Erde zumindest einen konjekturalen Überblick gewinnen zu können, müssen wir über Milliarden von Jahren zurückblicken. Keines der heute existierenden Tiere hätte damals auf unserem Planeten auch nur einen Augenblick leben können, da die Atmosphäre ohne Sauerstoff sie vergiftet hätte. Prokaryonten wie die Cyanobakterien, die infolge von Stoffwechsel Sauerstoff in die Atmosphäre absonderten, spielten das tierisch-pflanzliche Präludium. Das Leben, das sich im Zuge der Darwinschen Entstehung der Arten erhalten hat, verdankte sich fast nur dem Prozeß der Oxidation, weswegen ich zuvor bereits von einer »kalten Verbrennung« sprach. Unsere Neigung, uns die Evolution als unentwegten Fortschritt vorzustellen, unterliegt gegenwärtig einer immer heftigeren kritischen Revision. Die Biosphäre, die vom Beginn des Lebens an aus Einzellern mit oder ohne Zellkern bestand, bildete gewissermaßen das planetare, also gewaltigste System genetischer Absicherung von Lebensprozessen. Dies war deswegen so, weil die Bakterien ohne jede Hirnmasse, ohne Kreislauf, teilweise sogar, den photosynthetisch funktionierenden Algen gleich, von der Sauerstoffzufuhr unabhängig, über Milliarden von Jahren die Basis für das von geologischen und kosmischen Katastrophen immer wieder in seiner Existenz gefährdete Leben darstellten und den Nachwuchs sicherten, der infolge des Spiels der Nukleotide eine außergewöhnliche Vielfalt von Formen und Maßen annehmen konnte. Die für die Tierwelt charakteristische Abhängigkeit hatte wiederum einen doppelten Charakter: neural und blutabhängig. Der Sauerstoffträger Hämoglobin verbreitete sich und wurde von einer Ordnung zur anderen weitergegeben (marginale Ausnahmen übergehe ich), so daß es gänzlich blutleere Tiere nicht gab und nicht gibt. Obgleich Organismen von kleinen Maßen in der Lage sind, bei einem beinahe totalen Stillstand des Gewebsstoffwechsels zu überdauern, so durfte doch die Substanz, die ihnen neben Widerstandskräften gegen die Invasionen von Parasiten vor allem den Sauerstoff brachte, nämlich das Blut, nie in ihrem ewigen Kreislauf anhalten. Wie man gut weiß, sterben Hirnzentren ab, wenn sie länger als sechs Minuten von der Sauerstoffzufuhr abgeschnitten sind. Das Blut, das Oxidationsmittel transportiert, und die elektrochemischen Nervenimpulse bilden zusammen das ganze Epos des irdischen Lebens.

Stets hatte ich den Eindruck, ohne ihn ordentlich begründen zu können, daß die Art und Weise, die Taktik der Entstehung des Lebens auf der Erde – indem sie von den prokaryotischen Anfängen empor zu den Eukaryonten, die im Vergleich zu den Mikroorganismen, denen sie entstammen, beachtliche Maße annahmen, strebte – die Gattungsvielfalt einschränken mußte. Das Chlorophyll der Pflanzen und das Blut der Tiere mußten sich auf dem Land, im Wasser und in der Luft allgegenwärtig verbreiten. Sehr viele Evolutionisten sind heute der Meinung, daß die

Triebkräfte der Gattungsvielfalt keinem einheitlichen Konzept des »Fortschritts« unterliegen. Darwin habe zwar recht gehabt, doch ist die komplexe Bauweise von Strukturen, insbesondere der Vielzeller, kein Beleg für ein über Jahrmillionen anhaltendes Anwachsen von Fortschrittsprozessen, vielmehr müssen die Gründe für die Veränderungen in einem verästelten System von Ursachen gesucht werden. Das sich auf der Erde entwickelnde Leben veränderte die Zusammensetzung der Atmosphäre und bildete Ablagerungen von Rudimenten im Gestein und am Boden von Ozeanen; dies auf der einen Seite, auf der anderen wiederum die orographisch, orogenetisch, seismographisch und durch die Insolation selbst bedingten Strahlungsschwankungen des zentralen Sterns, der das Leben geschaffen und ermöglicht hat – das waren gemeinsam gewaltige, miteinander ringende Kräfte. Insofern halte ich die in der letzten Zeit recht populäre Vorstellung von der lebenbefördernden Gaia für allzu idyllisch.

Infolge der genauen Erforschung und Selektion von Milliarden zu Genomen zusammengefügten Nukleotiden wurden in der letzten Zeit Projekte einer autoevolutiven Vervollkommnung des Menschen entwickelt. Sie können sich dabei nicht auf verschiedenartige Kompilationen, auf die Pflege und auf die Tilgung »schlechter Gene« beschränken, zumal dies eine Aufgabe wäre, die millionenfach komplexer ist als die Zerlegung eines großen gotischen Doms in einzelne Ziegel und Steine mit dem Ziel, diese als etwas ganz anderes, als Amphitheater beispielsweise, wieder zusammenzusetzen. Es geht jedoch nicht darum, sich auf die Stufe der Hominoiden zurückzuentwickeln, auch nicht auf die der Teropoden (das sind kleinere

Dinosaurier) oder gar auf die Stufe der ältesten Fische in der Art der Latimeria (diese Gattung ist einige hundert Millionen Jahre alt und überdauerte bis heute). Sollten wir es doch wagen, vernunftbegabte, mit schöpferischem Willen ausgestattet, jedoch von allem Bösen freie Wesen ohne göttliche Hilfe zu schaffen, so müßte der Evolutionsbaum, dessen Zweigen wir entstammen, durch einen völlig anderen ersetzt werden, und wir müßten Hunderte Millionen Jahre auf die paradiesisch anmutende Ernte des Verstandes warten. Viele zeitgenössische Evolutionisten (Biologen) halten den Fortschritt, insbesondere den, der vor vierhundert Millionen Jahren eingeleitet wurde, für unsere Illusion: ihrer Meinung nach ist die Evolution ein Gentanz, der zur Autokomplizierung, nicht jedoch zur progressiven Selbstvervollkommnung führt. Es überleben diejenigen Wesen, die besser in der Lage sind, sich unter Störungen in der Atmosphäre, im Wasser und auf dem Land zu halten.

Die oben skizzierte Konzeption einer »anderen, sauerstofffreien Evolution« kann als utopisch bezeichnet werden, und ich bin mit einem solchen Urteil einverstanden, sofern es um die Erde geht. Dagegen ist uns über andere Planetensysteme nichts bekannt. Ich halte es für möglich, daß die Strahlungsenergie der Zentralsterne auf den Planeten ganz anders umgesetzt und zu einem Stimulus für etwas werden kann, das zu nicht unbedingt anthropomorphen Formen des Denkens und der Selbsterkenntnis befähigt wäre. Ich bin jedoch nicht der Auffassung, daß der Wille zur Verständigung oder zumindest zur Kommunikation mit uns ähnlichen Wesen eine zentrale Eigenschaft solcher anderer sein muß.

Die Entdeckung der Existenz solch anderer könnte

der Erkenntnis dienen, daß der Mensch nicht nur ein seltsamer Auswuchs des multiplanetaren Panoptikums ist, zugleich könnte sie aber auch die Frage klären, ob der Anthropomorphismus eine Regel oder eine Sonderkonfiguration darstellt. Menschen, die ein Machtbewußtsein nach eigenen Maßstäben entwikkeln, werden von Zeit zu Zeit durch tektonische Bewegungen der Erdkruste oder durch klimatische Perturbationen ernüchtert. Um das Verhältnis zwischen unserer Herrschaft und unserer Hilflosigkeit in den richtigen, oft umgekehrten Proportionen zu sehen, müssen wir uns vergegenwärtigen, daß die Anthropogenese etwa eine Million Jahre in Anspruch nahm, die kulturschöpferischen Zivilisationen des Menschen dagegen auf dem Zifferblatt der vier Milliarden Jahre erfassenden geologischen Uhr nicht mehr als die letzten wenigen Sekunden beanspruchen. Unsere Zivilisation könnte durch eine kosmische Intervention in Windeseile von der Erdoberfläche gewischt werden, zum Beispiel beim Zusammenstoß mit einem Planetoiden, durch Meteorregen oder einfach durch uns schon bekannte Sonneneruptionen. Viele Sterne, die unabdingbare Voraussetzungen für eine stabile Entstehung von Planeten zu erfüllen scheinen, weisen plötzliche und stürmische Schwankungen der Strahlung auf. Außerdem darf ein Stern, der in der Lage wäre, seine Staubscheibe sich über Milliarden von Jahren zu mit Leben bewohnten Planeten verdichten zu lassen, kein Doppelstern oder Sternhaufen sein, da Himmelskörper, die mehrere Sterne umkreisen, nicht die nötige Beständigkeit erreichen können. Gegenwärtig wissen wir auch, daß die mindestens einige hundert Millionen Sterne zählenden spiralförmigen Sternsysteme vom Typ der Milchstraße Winden unvorstellbarer Kraft ausgesetzt sind, weswegen sich die Metagalaxie vor den Augen des Astronomen in ein Feld heftiger, unberechenbarer Katastrophen verwandelt. Dies läßt uns übrigens erkennen, daß wir uns mit unserem Sonnensystem in einer friedlichen Zone befinden, was nicht beliebig lang anhalten kann. Aus solchen Feststellungen müssen wir die den Astronomen eigentlich seit langem bekannte Schlußfolgerung ziehen, daß das Weltall, das in unserer Nische das Leben hervorgebracht und beschützt hat, in großen Zeit- und Raumdimensionen gesehen dem Leben keineswegs besonders wohlgesinnt ist. Um mich eines nicht von mir geprägten Aphorismus zu bedienen: Das Weltall weiß nicht, daß wir uns in ihm befinden. Nun, das Weltall ist nicht ewig, aber es existiert, reicht es doch in die Vergangenheit zurück und streckt in die Zukunft, über alle unsere Vorstellungskraft hinaus.

Unabhängig davon, ob wir uns die Evolution als einen großen, sich gleichmäßig vollziehenden oder als einen punktuellen und sprunghaften Prozeß mit eruptiven Gattungsvermehrungen vorstellen, werden wir zugeben müssen, daß die Evolution aus den vier Nukleotiden, aus denen sich das biochemische, den Bau allen Lebens steuernde Gremium zusammensetzt, mehr Geschicklichkeit hervorgelockt hat, als man hätte a priori erwarten können. Seit ich auf der Suche nach nachahmenswerten Vorbildern war, habe ich deswegen beharrlich über die Notwendigkeit geschrieben, die schöpferische Kraft der Evolution einzuholen, sei es durch Plagiate, das heißt, durch Vervielfältigung gewisser Lösungen, sei es durch kreative Anwendung technobiologischer Muster. Auf diesen Bahnen bewegte sich meine Einbildungskraft, nach einigen Jahrzehnten mußte ich jedoch feststellen, daß ich zwar im Recht war, daß aber der aus allen diesen Nachahmungen, die ich seinerzeit »Imitologie« genannt habe, gezogene Nutzen uns sehr häufig keinen Ruhm einbringt: selbst unsere größten Errungenschaften, gegenüber der Biologie sekundär oder auch nicht, griffen die Biosphäre an oder dienten schändlichen Kriegsspielen. Das wiederum, was wir auf dem Wege zu der noch nicht erreichten Künstlichen Intelligenz geschaffen haben, dient oft Dummheiten, Spielen und mir unverständlichen Absonderlichkeiten. Es macht keinen Spaß, Erniedrigungen beobachten zu müssen, denen die so erhaben gedachte menschliche Schöpferkraft ausgesetzt ist.

Es scheint mir, es wäre doch besser, wir blieben im Weltall allein. Der Tiefstand des menschlichen Verhaltens kann sowieso nicht unterboten werden. Der Kannibalismus, der die Wiege unserer Zivilisation begleitete, wovon lange mit Feuersteinen gespaltene Knochen der Neandertaler Zeugnis abgeben, war weder die erste noch die letzte verbrecherische Betätigung der Urmenschen. Die Projektion kriegerischer Kollisionen, also des Massenmordes, in den Kosmos, wozu verschiedene Abarten der menschlichen Kreativität ihren Beitrag leisten, ist daher auch nachvollziehbar.

Jedesmal, wenn über Prozesse, die das biologische Leben regieren, gesprochen oder geschrieben wird, scheint es unausweichlich, einen dichten Wald verwinkelter, sehr spezifischer und sehr komplizierter molekularer Verbindungen betreten zu müssen. Infolgedessen entsteht der Eindruck, als ob jeder, der in die Geheimnisse der Biologie, nicht nur der Evolutionsbiologie, eingeweiht werden möchte, sich nur der prozessual-verschachtelten und in Spezialgebiete verästelten Sprache bedienen dürfte. Soweit ich sehe, ist das Leben in der Tat in der molekular-atomaren Materie verwurzelt und verdankt seine Entstehung und seine Umwandlungen vielleicht sogar der Subquantenwelt, deren Existenz von einigen bedeutenden Experten auch nur vermutet wird. Nur am Rande möchte ich hinzufügen, daß diese vermutete Subquantenwelt zu den knäuelartig verknoteten saitenförmigen Gebilden gehört, deren Hunderte in einem einzigen Proton Platz finden könnten. Ich möchte mich nicht weiter auf eine solche Hypothesenvermehrung einlassen. Jacques Monod gab seinem Buch den Titel *Zufall und Notwendigkeit* (*Hasard et nécessité*). Obwohl zahlreiche Behauptungen Monods an Aktualität verloren haben, der Titel des Buches bleibt gültig. Die Zufälligkeit, und damit das dem Risiko entspringende Hasardspiel, vermählt mit der Notwendigkeit, stellt des Lebens Macht, aber auch seine Gebrechlichkeit dar. Natürlich kann man sich viele ausgedachte Stützen dazu dichten; ich werde aber, in medias res, mich um Metaphern bemühen, die die Phantasie ansprechen. Über die Verwicklungen und erstaunlichen Koinzidenzen, die zum Urleben geführt haben, wurden bereits viele Bücher geschrieben. Ich bekenne, daß die Entstehung und die Milliarden Jahre anhaltende Entwicklung des Lebens von der Nano- und Mikrowelt hin zur Makrowelt, für uns, oder zumindest für mich etwas Grotesk-Makabres in sich trägt, wie eine Show im Grand Guignol. Diese stets das Staunen weckenden Prozesse erinnern mich an die Akrobatik und an die falsche Zauberei, die uns überwältigt beim Betrachten der bis zur Unwirklichkeit seltsamen und uns befremdend exzentrischen Kunststücke der chinesischen Artisten, die sich zu vielstöckigen Pyramiden formen. Jeder Erfolg dieser phänomenalen Meister, kaum daß er Gestalt annimmt, erweckt den Eindruck, daß die angestrebte Konfiguration schlicht in sich zusammenbrechen muß und keineswegs gelingen kann. Und sie hält doch. Für mich also ist das Leben, als prozessuale Vermehrung der dynamischen Formgebung von vier Nukleotiden, die zwanzig Aminosäuren verwalten, die stabile Schwankung einer beharrlichen Homöostase.

Die dauerhaftesten Lebewesen sind die Bakterien mit einer riesigen Palette von Abarten. Sie sind in der Lage, jeden klimatischen Zusammenbruch und jede geologische Katastrophe zu überdauern, gewaltige Kräfte der Natur also, die alles Höhere als die Bakterie von der Erdoberfläche gefegt hätten. Ein großer Atomkrieg, dessen Gespenst uns noch nicht verlassen hat, würde Millionen von Gattungen zerstören und nur bestimmte Bakterien am Leben lassen. Die Mehrung von Gattungen vieler einzelliger Lebewesen erfolgte und erfolgt immer noch mit unausweichlicher Risikozunahme. Die Überbleibsel verschiedener Zoozide, die man auf unserem Planeten feststellen kann, sind einerseits ein Zeugnis der Widerstandskraft der Biomasse gegenüber diesen vernichtenden Schlägen. Sie erklären aber auch, warum das Leben, dem die Wissenschaft unentwegten Fortschritt einzureden versuchte, akrobatisch verwundene Formen zu erzeugen vermag, einfach deshalb, weil es als Ganzes ohne jeden Sinn brutal und rücksichtslos von der in verschiedenen Gestalten agierenden natürlichen Auslese behauen wurde und wird. Es scheint mir, daß ein vernunftbegabter Ankömmling von einem anderen Planeten, an den Ozeanen des Archäozoikums stehend, nie in der Lage gewesen wäre, die verqueren Wege zu erahnen, auf denen der Mensch entstanden ist. Unsere komplizierte anatomophysiologische Struktur ist für mich keine Selbstverständlichkeit, vielmehr eine verzweifelte Folge von Prozessen, mit deren Hilfe das Leben sich vor der Vernichtung schützen mußte. Wie weit entfernt wir von der Konstruktion der »Künstlichen Intelligenz« auch sein sollten, wir wissen, daß es Prozesse gibt, die in gewissen flüssigen Lösungen vorkommen und eine erstaunlich einfache Analogie zu überaus komplizierten Gehirnoperationen darstellen. Wir sind nicht infolge eines vorab aufgestellten Plans entstanden, eher sind wir Geschöpfe, die aus zu unterschiedlichen Zeiten improvisierten prozessualen Fragmenten zusammengestellt wurden, als hätte ein Ertrinkender sein Leben dank eines herumschwimmenden Baumstamms gerettet und dann stückchenweise aus verschiedenen gerade nützlichen, von Wellen hin und her geworfenen Teilen, nach vielen Mißerfolgen und Qualen, ein großes Schiff gebaut. Dasselbe kann ich übrigens auch anders formulieren, indem ich einfach darauf hinweise, daß es in der Anatomie und Physiologie des Menschen nur so von verschiedenen, eigentlich überflüssigen Komplikationen wimmelt, die – wie es ein Evolutionist sagen würde – »eingefroren wurden«. Aus der sehr großen Zahl der Erstlinge der Erdrinde, aus dem nukleotiden Alphabet und aus dem enzymatischen Potential der Proteine hat die Evolution bislang mehr gemacht, als die philosophierenden Technologen hätten träumen können. Da nun aber kein philosophierender Ideengeber beim Start der Biogenese anwesend war und sie mit seinem Intellekt auch nicht im Griff hatte, ist das entstanden, was entstehen konnte und worüber man sich wundern darf, da es sich um von Gezeiten geprägte Zaubereien handelt oder, anders ausgedrückt, um eine unentwegt zur Existenz gedrängte Artistenkunst der Gene, Gattungen, Klassen, Ordnungen etc.

Ich glaubte, dies öffentlich bekennend, und glaube weiterhin, daß die völlig gedankenlose Weisheit der Natur, die uns hervorgebracht hat, von uns bestohlen werden kann. Das heißt wir können sie in ihrer von niemandem vorbedachten Genialität einholen und mehrdimensional überholen, vorausgesetzt, die außermenschlichen, stets jedoch vergänglichen Bedingungen bleiben unserer Existenz förderlich. Ich möchte betonen, daß es um nichts anderes geht als nur um eine Möglichkeit, das heißt, daß wir ebenso verlorengehen können, wer weiß, vielleicht mit unserer ganzen Biosphäre. Derartige Vorstellungen formten sich in mir zu einem Konzeptionshorizont, also zu in Zeit und Raum am weitesten entfernten Ideen, die wir verwirklichen könnten, um sie zu beherrschen. Es ist auch nicht auszuschließen, daß die nur fragmentarisch in der Zukunft sich abzeichnenden Errungenschaften des Menschen den Menschen beherrschen werden. Derart waren und blieben meine Überzeugungen beinahe ein halbes Jahrhundert, nachdem die ersten artikulierbaren Mutmaßungen auch artikuliert wurden.

$$N = R_* f_p n_e f_l f_i f_c L$$

In dieser von dem amerikanischen Astronomen Francis Drake entwickelten Formel wird die Zahl der Zivilisationen N, die in einer Galaxie die Fähigkeit zu technosphärischen Aktivitäten erlangt haben, durch die folgenden sieben Multiplikatoren definiert:

– R_* ist die Geschwindigkeit der Sternbildung im Kosmos, gemessen an der Zahl der Sterne, die während eines Jahres entstehen,

– f_p bezeichnet Sterne, die über Planetensysteme verfügen,

– n_e bezeichnet die Zahl der Planeten, die sich in den obengenannten Systemen befinden und ökologisch dem Leben förderlich sind,

– f_l wiederum steht für die Planeten, auf denen tatsächlich Leben entstanden ist,

– f_i steht für die Planeten, auf denen sich vernunftbegabte Formen des Lebens entwickelt haben,

– f_c das sind Planeten, auf denen das Leben im Zuge seiner Entwicklung das Potential zur Kommunikation mit anderen Welten erreicht hat,

– L kennzeichnet die durchschnittliche Dauer einer solchen Zivilisation, die ich technosphärisch nennen werde.

Wie ich schon sagte, schrumpfen die Hoffnungen der Fürsprecher der interzivilisatorischen Kommunikation derart, daß man sich nunmehr auf die Suche nach den einfachsten Formen des Lebens wie den Bakterien beziehungsweise auch nur deren paläobiologischen Spuren vornehmlich innerhalb unseres Sonnensystems konzentriert. Bei aller Bescheidenheit, die in die irdischen Bemühungen eingekehrt ist, ist es wichtig zu betonen, daß eine Entdeckung von sei es Bakterien, sei es nur deren biochemischen Resten, beispielsweise auf dem Mars, von größter Bedeutung wäre. Wir vermuten nämlich, daß Lebensprozesse grundsätzlich auf atomaren Skeletten von Carbonverbindungen basieren, wobei wir die Notwendigkeit der Bildung von zumindest zwei Systemen als Norm ansehen: des genetischen, aus Nukleotiden zusammengesetzten, und des eiweißhaltigen Systems, das in der Entwicklung von eben jenen Nukleotiden verwaltet wird. Die große Mehrheit der Gelehrten ist der Meinung, daß die in ihrer Beschaffenheit dem Kohlenstoff verwandten Siliciumatome für eine Biosynthese außerhalb des Kohlenstoffs nur schlecht geeignet sind. Dies ist aber kein Axiom. Es ist durchaus möglich, sich die Entstehung von Systemen vorzustellen, die zu verschiedenen Evolutionsverfahren fähig wären, ohne sich auf die Nukleotiden stützen oder Proteine als Baustoff verwenden zu müssen. Die Entdeckung auf dem Mars oder auf dem Europa genannten Mond des Jupiters von auch nur Bruchteilen von erdähnlichen Polymeren, wie den Nukleotiden etwa, hätte, bedeutend genug, zur Folge, daß die Hypothese von der allgemeinen Verbreitung molekularer Lebensprozesse im Weltall an Wahrscheinlichkeit zunehmen würde. Obgleich aus solchen positiven Entdeckungen im Sonnensystem nicht direkt deren Universalität zu folgern wäre, so würden sie doch einen Schritt in diese Richtung bedeuten.

Als Drake in dem Observatorium Green Bank den Himmel auszuhorchen begann, wußte er, daß er nicht in der Lage war, nach irgendwelchen primitiven

Spuren des Lebens auf extraterrestrischen Himmelskörpern zu suchen, und griff sogleich zu radioastronomischen Methoden. Nachdem eine der ersten Generationen von Forschern, die noch auf die Verständigung mit Marsbewohnern mittels in der Sahara gezeichneter geometrischer Figuren hofften, ausgestorben war, schien es unausweichlich, im nächsten Schritt die ganzen Kräfte auf die Erforschung der Signale aus dem ganzen Spektrum elektromagnetischer Wellen zu konzentrieren, einschließlich der Eventualität von Laserkommunikation. Ich betone: der Eventualität, weil wir noch über keine Laser verfügen, die stark genug wären, um im Photonenverfahren Signale in kosmische Entfernungen senden zu können.

Beinahe alle Arten der Wahrscheinlichkeit, die in Drakes Formel errechnet wurden, schrumpften spürbar im Laufe des letzten halben Jahrhunderts. Die Ursachen des kosmischen Schweigens können für praktische Zwecke zunächst nach der folgenden Liste von Annahmen verteilt werden:

1. Wir erkennen immer besser die Wucht, das Ungestüm und die Instabilität, die in den Galaxien, den Galaxienhaufen und in der ganzen Metagalaxis herrschen. Das entstehende planetare Leben kann sogar restlos vernichtet werden infolge einer der vielen und typischen Katastrophen wie: nahe Eruptionen der Supernovae; das Aufflammen der harten Strahlung, das durch den Einbruch eines unsere Sonne in der Masse um das Fünffache übersteigenden Sterns in das schwarze Loch verursacht wird; der Zusammenstoß oder die gegenseitige Durchdringung von zwei Galaxien; schließlich, allgemeiner gesprochen, der Verlust der Strahlungsstabilität bei einem Stern, der auch von

einem Schwarm Leben beherbergender Planeten umkreist sein könnte.

2. Eine Zivilisation kann – wie es der deutsche Astrophysiker Sebastian von Hoerner in seiner Hypothese formuliert hat – vernunftbegabt und sogar technogen sein und dennoch nicht dazu bereit, gewaltige Kräfte für die kosmische Kommunikation zu mobilisieren und zu verschwenden.

3. Eine vernunftbegabte, technogene Zivilisation, die zugleich zerstritten und blutig ist, wie die unsere, kann sich infolge ihrer Konflikte gewissermaßen vernageln.

Man wird hinzufügen müssen: die Zahl der Faktoren, die jeden Versuch, eine interstellare Kommunikation herzustellen, vom Feld des Möglichen weisen können, ist Legion. Nur Wesen wie unsere Gattung, deren kurze Dauer uns angesichts der Langlebigkeit des Kosmos eher an Eintagsfliegen erinnert, können sich den Kosmos als einen Ort gleichförmigen und relativ dauerhaften Friedens vorstellen. Eine Biene, die an einem sonnigen Frühlingstag den Nektar aus den Blumen saugt, könnte – metaphorisch gesprochen – eine falsche Vorstellung von standfester existentieller Gleichförmigkeit gewinnen, ähnlich dem Bild, das viele unserer Vorfahren auf diesem Planeten hatten. Astrophysik ist eigentlich das einzige Gebiet der exakten Wissenschaften, wo die Proportionen jeglicher Existenz im richtigen, nämlich übermenschlichen Maßstab gemessen werden. Mit den Astrophysikern begann die Suche nach anderen Zivilisationen, die heute vor allem Hypothesen hervorbringt. Eine davon will ich als Beispiel anführen.

Im Jahre 1993 veröffentlichte Richard Gott III, Forscher an der Abteilung für Astrophysik der Princeton-Universität, im dreihundertdreiundsechzigsten Band der Zeitschrift *Nature* eine Hypothese, die sich auf eine eigentümliche Anwendung der Wahrscheinlichkeitstheorie stützt. Er nahm an, daß jeder von uns schicksalsbedingt ein intelligenter Beobachter ist und daß die Existenzdauer unserer Gattung, die beinahe eine Viertelmillion Jahre beträgt, uns bekannt ist. Aus seinen Überlegungen, die ich hier natürlich nicht in extenso referieren kann, folgt, daß die volle Lebensdauer der menschlichen Gattung acht Millionen Jahre nicht überschreiten kann. Diese Überlegung führte ihn zu der Überzeugung, daß es uns nie gelingen wird, die Galaxie zu kolonisieren – die Zeit dafür reicht uns nicht aus, selbst wenn wir uns mit Lichtgeschwindigkeit bewegen könnten.

Aus gutem Grund, zweifelsohne, führte Gott III die Entstehung des Lebens auf der Erde vor knapp vier Milliarden Jahre auf die Tatsache zurück, daß sich der junge Stern bereits damals allmählich in einen reifen wandelte und in der Lage war, das Leben bei geringen Strahlenschwankungen zu erhalten und nicht zu vernichten. Allgemein anerkannt ist auch die Tatsache, die Gott gar nicht erwähnt, daß die Kreisumlaufbahn der Erde um die Sonne ebenso Leben begünstigend war und sich innerhalb einer ökologisch vorteilhaften Zone befand (der Mars lag mit seiner Kreisumlaufbahn bereits am äußeren Rand der Leben begünstigenden Zone). Im galaktischen Maßstab, auf die Milchstraße als Spiralnebel projiziert, bewegt sich das ganze Sonnensystem im Kreis um das galaktische Zentrum. Die russischen Astronomen haben festgestellt, daß sich das Sonnensystem auf diesem Kreis ein wenig langsamer fortbewegt, als es der Drehung der Spiralarme der Milchstraße entspräche. Aller Wahrscheinlichkeit nach wird unser System einschließlich der Erde in kaum einer Million Jahren in den nächstgelegenen Spiralarm eindringen und damit das hochgradige Vakuum verlassen. Um es emphatisch zu sagen: es wird sich in ein Sterngedränge hineinbegeben. Wohlgemerkt ist auch dieses Gedränge im kosmischen Maßstab zu verstehen, doch würde die Explosion einer Nova in der Entfernung von einem Dutzend Lichtjahren unsere Biosphäre in Asche verwandeln. Es bleibt jedoch außer Zweifel, daß uns zeitlich viel näher gelegene Sorgen bevorstehen.

Die ganze Konzeption Gotts wurde von Fachleuten, die in statistischen Berechnungen zu Hause sind, angegriffen, wobei die Quintessenz der Gegenargumentation recht einfach formuliert werden kann: man kann keine sinnvollen Schlußfolgerungen aus einer Null an Information ableiten, weswegen Versuche, die Überlebenschancen der menschlichen Gattung auf der Basis irgendwelcher statistischer Argumente zu prognostizieren, vergeblich sind.

Sowohl Gotts Hypothese als auch die gegen sie gerichteten Philippika haben in der Zeitschrift *Nature* viel Platz eingenommen, dabei wurde das sogenannte Bayessche Theorem als großkalibrige Waffe eingesetzt. Es ist ein sehr altes, sinnvolles und glaubwürdiges Theorem, mit Hilfe dessen man die Wahrscheinlichkeit der kommenden Ereignisse auf der Basis der vergangenen Vorfälle und unter einer gewissen Kenntnis der Verteilung künftiger Möglichkeiten berechnen kann. Und dennoch gilt, wie einer der Diskussionsteilnehmer bemerkt hatte, stets der Grundsatz: *ex nihilo nihil fit*. Außer einer Null an Information wird man aus einer Null an Information nicht herausholen können.

Während sich eine Gruppe der Gelehrten (wie Jossif Schklowskij) vom Enthusiasmus losgelöst und zu Vertretern der These bekehrt haben, daß wir im Weltall alleine sind, sucht die Schar der Gläubigen weiterhin nach den anderen Vernunftwesen, an die sie glaubt. Mir scheint es, daß man wohl noch nie soviel über etwas, worüber wir nichts Konkretes wissen, nachgedacht, geschrieben und publiziert hat wie im Fall kosmischer Zivilisationen. Zum Abschluß dieser Bemerkungen erlaube ich mir, eine in meinen Augen eher optimistische Beobachtung zu machen: das Leben ist eine Existenzform von in Körper gekleideter Information. Nach unserem besten Wissen kann die Information anders als portioniert, quantenweise, also diskret nichts konstruieren und nichts steuern. Aus diesem Grund ist eine gewisse Ähnlichkeit zwischen einer jeden unserer ethnischen Sprachen und dem genetischen Code kein Zufall. Wenn irgendwo im Kosmos Leben im Entstehen begriffen ist, muß es sich von der molekularen Ebene zu den Makroformen emporarbeiten. Ob der Verstand sich aus dieser Gattungsvielfalt zwangsläufig entwickelt oder eine Rarität darstellt, gar einen kosmischen Witz, wissen wir nicht. Wie auch immer, eine technologisch orientierte, Sender bauende Zivilisation, die nur dazu in der Lage wäre, in der Ferne der Lichtjahre unartikulierte Schreie von sich zu geben, ist nicht möglich. Sollte die Beobachtung des Kosmos mit Signalempfängern eine Botschaft von einem anderen Stern tatsächlich festhalten können, werden wir auch in der Lage sein, sie zu entziffern. Es sollte aber nicht vergessen werden, daß die junge Astrophysikerin, die in England als erste einen Pulsar beobachtete, der regelmäßig und heftig in Strahlströmen aufblitzte, diese

Regelmäßigkeit gemeinsam mit anderen Kollegen fälschlicherweise als ein Zeichen für intelligente Signalausstrahlung interpretierte. Schklowskijs Hypothese über die Notwendigkeit, kosmische Erscheinungen zu überwachen, die er »Wunder« nannte, ist daher ziemlich irreführend. Wir haben bereits unsere liebe Not, natürliche Phänomene von den wundersamen hier auf Erden zu unterscheiden, und wie sollten wir eine solche Differenzierung im Maßstab des Weltalls vornehmen?

Der Mensch im Weltall

Wir sind Bodentiere, der Aufenthalt im Weltall bekommt uns nicht. Wie man weiß, ist es mit beachtlicher Anstrengung und nur kurz möglich, ein völliges Fehlen der Gravitation experimentell zu simulieren. Schwerelosigkeit tritt auf in großen Flugzeugen, die in der Lage sind, zumindest einige Dutzend Sekunden lang die Höhe so zu verlieren, daß man die Gravitation innerhalb der Maschine nicht mehr spürt. Angesichts der bescheidenen Menge der Erfahrungen und damit der erlangten Ergebnisse war über die Auswirkung der Schwerelosigkeit auf den menschlichen Organismus eigentlich nichts Sicheres bekannt. Es war nicht einmal sicher, ob das Schlucken von Speisen und Getränken ohne Störungen funktionieren kann. Der Fall des nach Gagarin zweiten Menschen im Kosmos zeigt, wie ahnungslos wir waren: der Russe German Titow litt während des gesamten Fluges unter der typischen Reisekrankheit.

Die Rekorde in der Flugdauer, noch zu Zeiten der Sowjetunion aufgestellt, sowie die sehr genauen Informationen über den Zustand des Organismus der Astronauten in den USA wiesen überraschende Abweichungen von der physiologischen Norm auf. Die Verlagerung beachtlicher Blutmengen von den unteren Extremitäten hoch zum Rumpf und zum Kopf führt zu Veränderungen in der Körperform. Die Beine werden dünn, das Gesicht errötet oder es schwillt an, die Schleimsekretion insbesondere in der Nase steigt so an, daß die Astronauten aussehen, als würden sie an Schnupfen leiden. Zu den schwierigeren Erscheinungen, die infolge verlängerter Schwerelosigkeit auftreten, gehören die Ausschwemmung des Kalziums aus dem Skelett, die Muskelatrophie sowie das, was man als die Überflüssigkeit der Beine bezeichnen könnte. Während des Raumflugs bewegt man sich ohne Schuhe, nur in Socken. Den Männern machte zunächst das Rasieren Schwierigkeiten, dann entwickelte man einen Rasierapparat, der mit einem Ministaubsauger ausgerüstet war. Probleme traten auf sowohl bei der Ernährung der Raumfahrer als auch bei der Defäkation und bei der Miktion. Als gefährlich erwiesen sich alle Lebensmittel, die in Krümel zerfallen, an denen man schlicht ersticken konnte. Daher nutzte man mit Vorliebe verdichtete Nahrung, die aus einer Tube, ähnlich wie Zahnpasta, herausgepreßt werden konnte. Nach einem Gewöhnungsprozeß kann man auch beim Raumflug unter Bedingungen speisen, die denen auf der Erde ähnlich sind. Allein das Geschirr, aufgestellt auf entsprechend befestigten Tischen, muß beispielsweise mit magnetischer Kraft festgehalten werden, während die Füße der Speisenden Schuhe tragen, die mit Hilfe von Haftvorrichtungen an den Sohlen zur Bequemlichkeit in einem für die Unterlage speziell »gelochten« Boden festgehalten werden. Alles, was nicht befestigt ist, hat die Neigung zum Fliegen – Kabel, Schläuche, Leitungen winden sich, als wären sie zum Leben erwacht. Der Verlust der Muskelmasse am ganzen Körper bleibt aber die Hauptschwierigkeit langer, also über eine Woche dauernder Flüge, und dem kann nicht durch das noch so beharrliche und viele Stunden dauernde Training auf Spezialgeräten vorgebaut werden. Das Bild des Astronauten, der nach der Landung nicht allein auf eigenen Beinen stehen kann, müßte dem Fernsehzuschauer vertraut sein. Der siebzig Jahre alte John Glenn, der gerade eine Woche im Weltraum verbracht hatte, hatte bereits nach so einer kurzen Zeit gewisse Schwierigkeiten, das Gleichgewicht zu halten. Obgleich der komplizierte Raumanzug, der benötigt wird, um das Raumfahrzeug verlassen zu können, und der den Astronauten mit hoch sauerstoffhaltiger Luft versorgt und das ausgeatmete Kohlendioxid und den Wasserdampf resorbiert, scheinbar schwerelos ist, ist die Arbeit im Weltraum doch mühsam. Sie ist langsamer im Vergleich zu ähnlichen Bedingungen auf der Erde und muß etwa mit Hilfe eines Kabels am Fahrzeug verankert sein. Im Gebrauch sind bereits »Raketensitze« sowie kleine Steuerungsraketen, mit Hilfe deren man auch ohne Sitze auskommen kann.

Die Schaffung einer Entsprechung zur Gravitation der Erde ist im Grunde möglich, wenn das Vehikel ein Gegengewicht besitzt und durch die Rotation zentrifugale Kräfte erzeugt, die die Schwerkraft imitieren. Aus diesem Grunde erinnern die Entwürfe von größeren Raumstationen an einen Torus, also gewissermaßen an einen gewaltigen Autoreifen, in dem die zentrifugale Substitution der Schwerkraft vorherrscht. Diese Lösung ist leider nicht vollkommen – die Fliehkraft wirkt nicht gleichmäßig, vielmehr ist sie auf der Kopfhöhe eines stehenden oder gehenden Menschen schwächer als an den Füßen. Man kann dem entgegensteuern, indem man Raumstationen mit großem Durchmesser baut, was aber natürlich dazu führt, daß sie sehr an Gewicht zunehmen und ihre Montage, nachdem sie mit Raketen auf die Umlaufbahn gebracht wurden, recht beschwerlich ist. Darüber hinaus darf nicht vergessen werden, daß die Erdgravitation in der Umlaufbahn zwar fehlt, die Mikrogravitation aber bleibt, da sich alle Massen gegenseitig anziehen, obgleich dies nur bei größeren Experimenten wirklich ins Gewicht fällt.

Den Mondfahrten der Amerikaner ging die Befürchtung voraus, der Mensch würde sich in einem Terrain sehr schwer orientieren können, das ohne Atmosphäre auskommt und auf dem ganz andere Lichtverhältnisse herrschen. Diese Sorgen wurden auf den Fahrten nicht bestätigt. Das Fehlen von Felsabhängen, steilen Kraterwänden und bedrohlich wirkenden Reliefs, alles dessen also, was uns aus Jerzy Żuławskis Roman *Auf dem Silbermond* vertraut ist, stellte sich für viele Erdbewohner als eine große Enttäuschung heraus, zumal auf dem Mond alles eher leicht gewölbt ist und, indem das Sichtfelddurchmesser kaum zwei Kilometer erreicht, nicht einmal der runde, sich über den felsigen Grund erhebende Rand eines Kraters, beispielsweise des Kopernikus, zu sehen ist, wenn man in dessen Mitte steht. Der Mondfahrer wiegt auf unserem Satelliten sechsmal weniger als auf der Erde. Dementsprechend verlagert sich der evolutiv stabilisierte Körperschwerpunkt, so daß man bei unvorsichtigen Bewegungen sehr leicht stürzen kann. Wir haben ja die schwankenden und mit beiden Beinen wie Frösche hüpfenden Astronauten gesehen. Auf der Marsoberfläche wären die Bewegungsprobleme nicht so groß, viel schwerer fällt da die unvermeidlich lange Reisedauer von der Erde auf diesen Planeten ins Gewicht. Die im Hochvakuum verbreitete kosmische Strahlung und der Sonnenwind können sich darüber hinaus als gefährlich für Leib und Leben erweisen. Bereits jetzt ist allgemein bekannt, daß Prozesse, die für die Alterung des Organismus charakteristisch sind, im Zustand der Schwerelosigkeit beschleunigt werden, so daß der Alterungsprozeß des Systems insgesamt um so schneller verläuft, je länger wir uns im Weltall aufhalten. Diese flüchtigen Bemerkungen schließe ich mit der Wiederholung des Satzes, mit dem ich begonnen habe: Wir sind Bodentiere, extraterrestrische Aufenthalte dienen daher nicht unserer Gesundheit. Die amerikanischen Mondfahrer haben auf ihren doch relativ kurzen Flügen zum Mond und zurück gelegentlich sogar im Schlaf, also bei geschlossenen Augen, Blitze wahrgenommen, die durch Treffer hochenergetischer Teilchen der kosmischen Strahlung auf ihre Sehnerven generiert wurden. Da auf dem Mond van Allens Magnetosphäre fehlt, auf dem Mars außerdem auch der Ozonschutz, sind längere Aufenthalte dort gesundheitsschädigend.

Die Vorstellung, der Aufenthalt auf einer Raumstation könnte sich auf den Blutkreislauf positiv auswirken, so daß solche Stationen deswegen als extraterrestrische Sanatorien einsetzbar wären, hat sich als falsch erwiesen. Die Startbeschleunigung auf dem Weg zur Umlaufbahn, ist, selbst wenn sie auf der optimalen synergetischen Kurve verläuft, so groß, daß weder Hände noch Füße bewegt werden können. Infolgedessen sind die Astronauten, in ihre Lagerstätten wie schwere Säcke eingedrückt, restlos auf die sie vertretenden und entsprechend programmierten Computer angewiesen. Jeder, der mit Computern zu tun hatte, weiß, wie zweifelhaft deren operative Verläßlichkeit ist; in den modernen amerikanischen Raumtransportern arbeiten daher gleich mindestens vier elektronische Gehirne parallel zueinander.

Die Menschheit findet an großen Spektakeln besonderen Gefallen, allein deswegen ist die Landung von Aeronauten auf dem Mars sehr wahrscheinlich. Alle oben genannten Schwierigkeiten verringern keineswegs die Lust der NASA auf Flüge noch größerer Reichweite als die zum Mars. Bei diesem Verhalten werden aber charakteristischerweise »Kräfte an den Zielen gemessen, nicht Ziele an den Kräften«. Persönlich vermute ich, daß bewegliche Vorrichtungen, die den großen ölfördernden Bohrinseln ähneln, auf die Planeten als tatsächliche industrielle Vorhut gebracht werden. Ich möchte sie gerne als Planetarmaschinen bezeichnen, die mit einem Steuerungssystem ausgerüstet und dazu befähigt sind, alle Funktionen der Maschine zu beaufsichtigen und den Kontakt zur Erde aufrechtzuerhalten. Ich glaube nicht, daß man mit dem Bau und Transport dieser technischen Kolosse darauf warten wird, bis die Armut großer Menschengruppen beseitigt ist. Die existentielle Ungleichheit ist Teil unserer Natur; ein kleines, aber konkretes Beispiel dafür boten die sowjetischen Sputniks, die über der Atmosphäre um die Erde kreisten, während Dorffrauen unten auf der Erde sich als Wasserträgerinnen betätigten.

Ohne Begeisterung bin ich also der Auffassung, daß wir unser planetares Sonnensystem beherrschen werden. Die Annahme, dies wäre der erste kleine Schritt zu den Sternen, ist aber eine grobe Übertreibung. Theoretisch wissen wir, daß eine Rakete, die bei gleichbleibender Rückstoßkraft eine der irdischen gleichwertige Schwerkraft erreichen könnte, in der Lage wäre, nach einem Jahr etwa die Lichtgeschwindigkeit zu erreichen und während eines Menschenlebens die Metagalaxis zu umfahren und auf die Erde zurückzukehren. Eine Erde, auf der der Mensch dann landen könnte, würde es bereits seit langem nicht mehr geben, aber das ist ein anderes Problem. In unserem System wäre in der sogenannten Zwischenzeit der solare Wasserstoff restlos verbraucht, und der uns energetisch versorgende Stern hätte als roter Riese die Umlaufbahn der Erde erreicht und bei Gelegenheit alle Spuren von Leben beseitigt. So gesehen, scheint die Bemerkung Gotts III überaus begründet, daß der Erfolg beim Versuch, unsere Galaxie zu bevölkern und zu beherrschen, unwahrscheinlich ist. Jemand, der boshafter ist als ich, könnte schließlich die gedanklichen Expeditionen zu den Sternen einfach als Flucht vor der Unzahl unlösbarer Probleme auf der Erde entlarven.

Mit den Augen des Konstrukteurs

Soeben habe ich das neue Buch des angelsächsischen Philosophen John Searle durchgesehen, das ontologischen und pragmatischen Erklärungsversuchen zur Frage des Bewußtseins gewidmet ist, erfuhr aber nichts Neues über dessen sogenanntes »Wesen«. Ich weiß, daß meine essayistischen Bücher auf dem deutsch- und dem russischsprachigen Markt relativ gut bekannt sind. Ins Englische wurden diese Titel jedoch nicht übersetzt, da für die Angelsachsen die polnische Sprache in einer viel zu tiefen Höhle verborgen liegt, als daß es sich lohnen würde, sie da herauszuholen. Die Zukunft wird meine Texte entweder ungültig machen, oder sie wird erweisen, daß ich ein teilweise vergessener Vorläufer war. Verlage, die mich in einer mit *Science-fiction* etikettierten Schublade eingeschlossen haben, taten dies hauptsächlich aus merkantilen und kommerziellen Gründen, denn ich war ein hausbackener und heimwerkelnder Philosoph, der die künftigen technischen Werke der menschlichen Zivilisation vorauszuerkennen versuchte, bis an die Grenzen des von mir so genannten Begriffshorizontes.

Die im Rahmen der technisch-philosophischen Beweisführung geführten Kämpfe um die Frage, ob es in der Zukunft möglich sein wird, zur intelligenten Arbeit befähigte Geräte zu gestalten und zu programmieren, wurden recht unsinnigerweise von den Philosophen zum Gegenstand ihrer Betrachtungen gemacht. Hätte man den Philosophen des Mittelalters als Aufgabe aufgetragen, möglichst präzise solche damals nicht existierenden Schöpfungen der Technik wie einen Space Shuttle, ein Auto oder die Rundsichtradarkartographie zu analysieren, dann hätten sich Pergamente und die mit ehrwürdigen Holzdeckeln eingefaßten Inkunabeln Gutenbergs unweigerlich mit einer Unmenge von Vermutungen, Suppliken, Dementis sowie von syllogistisch begründeten kategorischen Behauptungen verschiedenster Art, in anderen Worten, eimerweise mit semantischem Brei gefüllt. Nach dem Abfiltern irreführender oder falscher Urteile, nach einem aufrichtigen Destillationsvorgang hätte das Ende unseres Jahrhunderts mit dem, was als sinnvoll, geprüft und realisiert übriggeblieben wäre, gleichsam über ein Rinnsal, ein einziges schmales Büchlein füllen können.

Will man darüber reden, welche Fähigkeiten die sogenannten Roboter oder robotoide Maschinen in ein- oder vierhundert Jahren besitzen werden, lohnt es nicht, in Erwartung einer glaubwürdigen Antwort, die Fragen an Philosophen zu richten. In der Zeit unseres Eolithikums begann bereits die Technologie des Steins, mit dessen Hilfe man Skelette und Schädel der Brüder von kleinem Verstand mit dem Ziel aufspaltete, deren Inhalt zu verzehren. Postkannibalische Technologien hatten über Jahrhunderte stets ihre langsamen und langandauernden Anfangsphasen, darauffolgende Phasen der Rationalisierung, schließlich Phasen der Perfektionierung und des Niedergangs, wenn sie von einem Wurf leistungsfähigerer Entwicklungen verdrängt wurden.

Heute kann ich es nicht mehr erklären, warum die Geschichte der Entstehung und Entwicklung der Schiffahrt, dann der frühen, vervollkommneten und immer glanzvolleren – wie das griechische Feuer –

Kriegstechniken, warum die Geschichte der Luftballons und der Luftschiffe sowie die katastrophenreiche Geschichte der Flugkörper, die schwerer als die Luft sind, mir, als ich noch ein Junge war, so viel Zeit geraubt hat. Ich halte es nicht für eine vergeudete oder verlorene Zeit. Die Vergangenheit hat auch erfinderische Konzeptionen hervorgebracht, die in die Zukunft wiesen, wie die der Physik ähnelnde Theorie des Boscovich oder die von Leonardo da Vinci entworfene Zeichnung eines mit Flügeln versehenen Menschen. Glücklicherweise erwiesen sich die Absonderlichkeiten dieser Genies als es nicht wert, der philosophischen Analyse ihrer Zeitgenossen unterzogen zu werden. Da mir verschiedene von Mißerfolgen gespickte Vorgeschichten von Techniken, die uns mit Stolz erfüllen oder deren Errungenschaften wir befürchten, vertraut sind, wage ich es, die Auffassung zu vertreten, daß der unermüdliche Erfindungsgeist des Menschen zu Erfolgen führen wird, die all das Streben der Denker nach der sofortigen Erkenntnis und dem Beweis dessen, was man mit Sicherheit nie wird erkennen und beweisen können, der völligen Vergessenheit aussetzen werden.

Würde man das lebende menschliche Gehirn über verschiedene Kontinente verteilen, so daß seine Bestandteile wie die Stirn-, Scheitel- und Okzipitalrinde sowie das limbische System, zeitweise künstlich ernährt, durch elektronische Kabel miteinander verbunden wären, und gäbe die so über die Weltkugel verstreute, jedoch elektronisch vereinte Ganzheit des Gehirns für uns wahrnehmbare Eigenschaften des menschlichen Bewußtseins zu erkennen, wenn wir dann also die Frage danach stellen würden, wo sich denn dieses Bewußtsein befinde – in Australien, in

Alaska, in Skandinavien oder vielleicht im Mongolischen Hochland? –, wäre eine lokalisierende Antwort überhaupt nicht möglich, da fundamentale Attribute des Bewußtseins sich als das Ergebnis der Zusammenarbeit einer über die ganze Welt verteilten Gehirnmasse präsentieren würden.

Oder stellen wir uns vor, den Konstrukteuren wäre folgende Aufgabe gestellt worden: eine Maschine soll gebaut werden, die sich auf einem Wüstenplaneten wie dem Mars fortbewegen könnte, mit einer Energiequelle ausgestattet, die anders als etwa die Sauerstoff benötigenden Brennmotoren unabhängig von der Umgebung wäre. Diese Maschine sollte ein Arealkundschafter sein, Beobachtungen durchführen, die Wanderroute anhand von teilweise bekannten Ergebnissen und je nach chemischer Zusammensetzung des Bodens selbst bestimmen, außerdem sollte sie Spuren von Wasser, von Mikroorganismen oder von deren Überbleibseln suchen und schließlich die gewonnenen Informationen per Funk entweder direkt auf die Erde schicken oder über einen um den Mars kreisenden Satelliten, der eine Verstärkerfunktion für die gelieferten Informationen zu übernehmen hätte. Wie ich vor knapp einem halben Jahrhundert geschrieben habe: den Ingenieur interessiert nicht, ob diese Maschine ein Bewußtsein besitzt. Ihn interessiert ausschließlich die Frage, ob die Maschine die ihr gestellten Aufgaben selbständig bewältigen kann. Ohne Zweifel wird sich eine solche Maschine, die wir beispielsweise Arealkundschafter nennen können, im Laufe der Arbeit auch als unzuverlässig erweisen. Sie kann kaputtgehen, falsche Entscheidungen treffen, sich den Forderungen der Projektanten als nicht gewachsen erweisen. Alle diese Verfehlungen können aber ebenso einem Menschen passieren, sei es einem Schüler, einem Lehrling, sogar dem qualifizierten Urheber dieser Maschine. Wir wären gar nicht in der Lage, von vorneherein zu bestimmen, an welchem Punkt der Linie vom Schüler zum Spezialisten der Fehler eintreten wird, mögen wir auch dazu neigen, ihn eher als unvollkommene Stufe, eine Aberration oder krankheitsbedingte Unvollkommenheit des erwachsenen Experten zu sehen. Dieser Typus und diese Weise der Umsetzung von Wissenschaften in Programme wird Früchte einbringen zu dem Zweck, daß die planetarische Maschine in die Lage versetzt wird, auf einem fremden Globus ihre Arbeit aufzunehmen. Selbst wenn sie sich als fähig erweist, uns mit signalartig oder synthetisch zusammengesetzten Texten über die Ergebnisse ihrer Arbeit zu informieren, eventuell auch mit Rückkopplung, glaube ich nicht, daß diese interplanetare Saga von philosophischen Werken begleitet wird, die der Frage bis auf den Grund nachgehen wollten, ob diese Maschine auch ein Bewußtsein besitze oder nur einem für heutige Verhältnisse komplizierten und verzweigten Programm folge, dessen Flexibilität die Überraschungen der *Anabasis* auf den Mars so bewältigen kann, daß ihr Wirken letztlich einem die Straße asphaltierenden Facharbeiter ähnelt. Tatsache ist, daß diese Maschine keine Kinder wird zeugen können, kein Bedürfnis verspüren wird, zu streiken oder anderen Maschinen den Weg zu sperren, daß sie, sofern das Programm es ihr nicht gebietet, keine anderen, ihr ähnlichen Maschinen zerschlagen wird. Sie wird dies nicht tun infolge der Beschränkungen, die ihr vom Programm vorgegeben werden, und nicht weil axiologisch verfestigte moralische Verbote sie daran hindern würden. Trotzdem kann es passieren, daß ein Philosoph Werke verfassen wird, in denen die Verhaltensethik planetarer Maschinen in allen Einzelheiten zur Geltung kommt.

Die obige etwas in die Länge gezogene Schilderung veranschaulicht den langsamen Prozeß der Umwandlung einer technologischen Innovation in ein selbständiges, mit der erforderlichen Fertigkeit funktionierendes System. Ich gebe jedem Recht, der mir vorwerfen möchte, daß die analoge Automatisierung einer wesentlich kleineren Maschine, die in der Lage wäre, eine Haushaltshilfe – also ein Mädchen mit Besen, Eimer und Lappen – zu ersetzen, ökonomisch, zumindest heute, keinen Sinn machen würde. Ich bin auch weit davon entfernt zu behaupten, daß eine automatisierte Haushaltshilfe auch nur ein Körnchen Bewußtsein oder Intentionalität besitzen wird, die sie dazu befähigt, die Spinnweben von der Decke herunterzuholen, ohne gleichzeitig die zum Trocknen aufgehängte Wäsche zu mißhandeln. Ich will auch keineswegs behaupten, es sei mein Wunsch, einen Weg zu betreten, der zur Schaffung des Bewußtseins, des Selbstbewußtseins, der Intentionalität, des freien Willens und sogar einer zum Ausrutschen in Neurasthenie oder in ernste Pathologie fähigen Psyche führen würde. Über die Entstehung einer plötzlichen Luftwirbelung unmittelbar unter dem Bauch eines großen Passagierjets, die eine Katastrophe mit Todesfolge verursachen kann, haben auch die Flugexperten nicht Bescheid gewußt, und doch versuchte niemand, über dieses Thema zu philosophieren. Auskunft darüber, was tatsächlich vor sich geht, erhalten wir manchmal ohne Vorwarnung und in Abwesenheit jeder Theorie *post factum*, während wir die Todesopfer aus der zerschellten Maschine zählen. Das ist tragisch, entspricht aber den Tatsachen.

Die vor etwa einem halben Jahrhundert geborenen, von den Anfängen der Kybernetik inspirierten Pläne, sehr bald Intelligenz oder gar deren Verstärker zu konstruieren, wurden anhand von überaus primitiven Modellen demonstriert und weckten falsche Hoffnungen. Die Konstrukteure sind den Philosophen insofern überlegen, als sie neben zahlreichen Niederlagen und Fehlschlägen auch eigene Erfolge vorzuweisen haben. Die vorgelegte Argumentation ist keine gegen die Philosophie gerichtete Schmähschrift. Mir scheint nur, daß die Philosophie zu futurologischen Aufgaben, die über den Begriffshorizont der Epoche hinausgreifen, nicht berufen ist.

Robotik

Wir leben in einer Epoche der überall um sich greifenden Spezialisierung. Ich möchte mich hier auf ein bestimmtes in Entwicklung befindliches Teil der elektronischen Welt beschränken. Zuerst bekenne ich, daß ich die Mode toter, aber beweglicher, sogar mit Stimme ausgestatteter Geschöpfe, die sich immer mehr zum Surrogat für lebende Haustiere entwikkeln, nie vorausgesehen habe. Sie bewegen sich mit Hilfe verschiedener eingebauter Sensoren; was ich aber nicht verstehen kann, ist die Nachfrage nach diesen Pseudotierchen, die meiner Ansicht nach nur als Spielzeuge für Kinder geeignet sind. Dabei lese ich in der Werbung, daß diese Pseudohunde und -katzen oder Kunststoffimitationen von Koalas den Erwachsenen angeblich einen Heidenspaß bereiten sollen. Diese Pseudotierchen, die sich vom elektrischen Strom ernähren, sind ein Beispiel zahlreicher Neu-Bildungen, die dem Markt aufgepfropft werden nach dem Prinzip, Bedürfnisse müssen nicht nur gestillt, sondern auch geweckt werden. Diese Kunststoffkreaturen sollen, scheint mir, die unausweichlich kommende Zeit der Roboter ankündigen.

Über die Roboter schrieb man seit langem in und außerhalb der wissenschaftlichen Phantastik, doch niemand behandelte deren geahnte oder erfundene Existenz wirklich ernst. Inzwischen begann eine wahre Gattungsvermehrung, von der ich keine genaue Beschreibung geben, aber doch eine gewisse Vorstellung vermitteln kann.

Die primitiven Homöostate der fünfziger Jahre,

die die Schwelle der Labors eigentlich nie überschritten haben, vermochten es auf glatter Ebene, Hindernisse zu umgehen und bei Spannungsausfall den sie mit Elektrizität wiederbelebenden Stecker zu finden. Sie dienten keinem praktischen Nutzen außer dem Wohlbefinden der Konstrukteure.

Mit jedem Jahr steigt die Zahl der Vorrichtungen, die zwischen dem Menschen und dem Objekt seines Handelns immer geschickter vermitteln. Wir verfügen also über Fernbedienungsgeräte, unentbehrlich beispielsweise bei der Bearbeitung von radioaktiven Substanzen, die im unmittelbaren Kontakt mit dem Menschen schädlich sind. In der modernen Chirurgie kamen überaus subtile Geräte auf, die differenziert in der Lage sind, chirurgische Eingriffe etwa bei Gefäß- und Gewebeoperationen vorzunehmen. Wir haben auch die sogenannten Pedipulatoren, doch haben die Konstrukteure offensichtlich nicht allzuviel Vertrauen in ihre Fähigkeit, sich auf dem Mond, dem Mars oder auf anderen Planeten selbständig zu bewegen. Und so schickt man vergleichbare mit Gliedmaßen ausgestattete Arbeitsgeräte noch nirgendwohin, bedient sich vielmehr des Radantriebs wie im Fall der Mondfahrzeuge der Amerikaner oder der Marssonde. Die Notwendigkeit der Vervollkommnung und der Vergrößerung solcher (nicht unbedingt schreitenden) Geräte folgt aus der wachsenden Entfernung von der Erde: konnte etwa ein Mondlander noch von der Erde aus ferngesteuert werden, so ist dies bei einem beweglichen Kundschafter auf dem Mars nicht mehr möglich.

Am interessantesten entwickelt sich die Robotik *sensu stricto*. Dabei ist es nicht besonders wichtig, ob die derart verselbständigten Roboter die Gestalt des

Menschen annehmen müssen. Ihre »Anatomie« ist eigentlich zweitrangig, zumal die Bewegungsschwierigkeiten dieser Geräte, die noch vor zwanzig Jahren sich nur auf dem glatten Boden eines Labors aufrechterhalten konnten und auf der einfachsten Treppe stürzten, im Groben bereits gelöst sind. Die Frage der Imitation des zentralen Steuerungssystems, das heißt bei höheren Tieren und Menschen: des Nervensystems, bleibt des Problems schwierigster Kern. Ehrlicherweise wird man zugeben müssen, daß es sich dabei um das Vorstadium einer noch nicht existierenden psychozoiden Technologie handelt. In den vergangenen Jahren nahm die Qualität der in die Roboter eingebauten Programme bedeutend zu, was diese dazu befähigte, in den Traktoren- und Autofabriken mit einer den Menschen ähnlichen Geschicklichkeit zu arbeiten. Dieser Geschicklichkeit liegt aber die begrenzte Wiederholbarkeit einzelner Arbeitsschritte zugrunde. Ich werde mich hier nicht weiter in die Geheimnisse technologischer Meisterschaft vertiefen. Für die Programmierer bilden die scheinbar einfachen, von jedem Menschen scheinbar mühelos vollzogenen Handlungen nach wie vor ein echtes Hindernis. Geräte, die in der Lage sind, ein Zimmer einigermaßen ordentlich aufzuräumen, während der Schaden, den sie dabei anrichten, minimalisiert werden kann, sind immer noch extrem und unverhältnismäßig teuer. Allgemein formuliert, gelang es den Robotern beziehungsweise Pseudorobotern nur, einzelne spezialisierte Funktionen zu beherrschen. Sie werden in der Lage sein, Anordnungen und Befehle auszuführen, doch das reicht den Projektanten nicht aus. Es geht ihnen um Roboter, die, wenn auch nicht restlos anthropomorph, so doch in die Lage versetzt werden sollen, in gleicher Weise selbständig infolge von Willensakten zu handeln. Das Problem beruht jedoch darin, daß wir immer noch nicht wissen, welche neuralen Mechanismen des Gehirns für die Willensakte verantwortlich sind. Die Programmierer sind daher bemüht, solche Programmkomplexe zusammenzustellen, die das Vorhandensein von behavioristisch verstandenem Bewußtsein simulieren. Dem neuen Trend nach geht es nicht darum, Turings Test zu bestehen, sondern ihn zu umgehen.

Ich bin überzeugt, daß diese Programme, in der Quantität und in der Qualität vor allem an zukünftige Generationen parallel arbeitender Computer und miteinander verbundener Agglomerate pseudoneuronaler Netze gerichtet, den Radius der Fertigkeiten ausweiten werden und dadurch immer erfolgreicher das über Intelligenz verfügende Bewußtsein werden imitieren können, so daß sie von vielen Menschen für Personen oder für zu Individuen mutierte Maschinen gehalten werden. An den Menschen als Gesprächspartnern oder Mitarbeitern der Maschinen wird gewissermaßen Betrug verübt, da derartige Imitationen noch über keine authentische, individuell lokalisierbare, bewußte Intelligenz verfügen werden, die psychische Wahrnehmung genannt wird. Man muß sich bewußtmachen, daß dieser Weg zu sich hoch auftürmenden Schwierigkeiten führt, die ich in meinem *Golem* als *hill climbing toposophical theory* bezeichnet habe. Es geht um Expeditionen in einen Raum, der, vorläufig den mechanischen Ankömmlingen unzugänglich, in unseren Schädeln eingeschlossen bleibt. Es ist also nicht so, daß ein plötzlicher Sprung einer restlos willenlosen Anlage zu erwarten wäre, selbst wenn sie gelegentlich einen des Esels Sturheit würdigen Widerstand leistet, der jedem Benutzer von sich aufhängenden und abstürzenden Computern vertraut ist. Die fortschreitende Kompressibilität von Datenträgern, die eine immer mehr vervollkommnete Entsprechung der Festplatten bilden werden, kann nicht völlig fehlerlos sein. Ein logischer Fehler auf eine Milliarde operativer Schritte, das ist die festgestellte Fehlerquote bei Geräten mit höchster Rechengeschwindigkeit. Ohne auf Details einzugehen, stelle ich nur fest, daß die sogar exponentiell wachsende operative Schnelligkeit mit Fehlerhaftigkeit bezahlt werden muß, die nach dem Überschreiten der Schwelle von Billionen logischer Schritte die rationale Fehlerfreiheit des Systems zu ersticken droht, die zuvor für vollkommen gehalten wurde.

Unser Gehirn ist, wie es Neumann formulierte, ein sicheres System, das aus unsicheren neuronalen Elementen gebildet wird. Es verhält sich unter anderem deswegen so, weil zu jedem im menschlichen Gedächtnis codierten Begriff eine verschiedenartige Menge neurologischer Wege führt. Wenn ich mich beispielsweise nicht daran erinnern kann, wie der allgemein bekannte Vogel mit dem wunderbar gebogenen langen Hals heißt, kann ich mir helfen, indem ich den »Schwanengesang« oder das Ballett *Schwanensee* in Erinnerung rufe. Zu den »Engrammen« des Computergedächtnisses führt dagegen in der Regel nur ein Weg, weswegen eine Blockade zur völligen »Amnesie« des Computers führt. Es wird eine große Menge vergleichbarer Probleme geben, denen nur mit einer überaus intensiven Vernetzung von Erinnerungsspuren begegnet werden kann. Dies um so mehr, als wir Menschen selbst Schwierigkeiten mit der Erinnerung von Bezeichnungen, wie z. B. Personennamen, haben, weil diese in der Regel nur über eine bescheidene Zahl von Assoziationsmöglichkeiten in unseren Sprachen verfügen. Es gilt auch zu verstehen, daß das sogenannte *information retrieval* von der pseudogeistigen Souveränität noch weit entfernt ist.

Vorläufig könnte man das Problem in der folgenden Formel zum Ausdruck bringen: das Durchschauen der rein simulativen Aktivität der künstlichen Intelligenz wird sowohl von der Leistungsfähigkeit des maschinellen Simulators als auch von der gründlichen, kritischen Intelligenz des menschlichen Verstandes beim Kontakt mit der Maschine abhängen, der den Charakter eines n-dimensionalen Spiels hat. Wenn es wahr ist, daß die Zahl der möglichen Züge im Schach 10^{100} beträgt, dann kann die Zahl der möglichen Varianten eines Dialogs des Menschen mit der künstlichen Intelligenz nicht im voraus errechnet werden, da jeder Mensch mit durchschnittlicher Intelligenz in der Lage ist, syntaktisch und semantisch korrekte Sätze zu bilden und zu verstehen, die ihm zuvor niemand beigebracht hat. Ob und, wenn ja, wann Maschinen eine solche sprachliche Leistungsfähigkeit werden vorweisen können, wissen wir nicht, und deswegen sollte man weder den negativen noch den positiven Stellungnahmen der sich auf diesem Feld austobenden Philosophen allzuviel Glauben schenken. Nicht die großkalibrigen, auf den Kampfplatz aufgefahrenen Argumente für und wider werden in der fernen Zukunft über die Entstehung oder den Zusammenbruch des künstlichen Verstandes befinden. Ohne eine Unzahl von Träumen, Versuchen, Katastrophen hätte es die heutige Luftfahrt nicht gegeben. Ohne unaufhaltsam geführte Sturmangriffe wird keine künstliche Intelligenz entstehen. Über diesen Streit jetzt ein Urteil zu fällen, halte ich für verfrüht.

Makrok

Makrok ist ein Neologismus, den ich mir ausgedacht habe, um die Idee, die Roger Penrose vorstellte, bündig wiedergeben zu können. Dieser Gelehrte, der recht verwegen die Grenzen der ihm vertrauten theoretischen Physik überschritten hat, vertrat die Hypothese, der Mensch verdanke seine geistige Leistungsfähigkeit der nicht quantifizierbaren Arbeit des Gehirns, die von Quanteneffekten gestützt wird. Makrok stünde also für das makroskopische Quantenobjekt. Sowohl die Unberechenbarkeit wie auch der Quantencharakter des menschlichen Gehirns sind, so wie Penrose sie suggeriert hat, Vermutungen ohne empirische Abstützung, und sie wurden von der Mehrheit der Wissenschaftler sehr skeptisch aufgenommen.

Penrose nimmt auf dem Gebiet der Physik eine herausragende Stellung ein, was ihn jedoch nach der Auffassung der Kritiker nicht dazu berechtigt, Konjekturen wie die beschriebene vorzunehmen. Ich erwähne dies, weil unser Bewußtsein heute einen nicht minder rätselhaften weißen Fleck im Bereich der Erkenntnis ausmacht als vor hundert oder fünfhundert Jahren. Vereinfachend könnte man alle diejenigen, die sich (in der Vergangenheit oder Gegenwart) mit der Psyche des Menschen unter besonderer Berücksichtigung von Bewußtsein, Intelligenz, Verstand, Scharfsinn oder Phantasie befaßt haben, einteilen in diejenigen, die eine sachliche Erklärbarkeit der erwähnten Eigenschaften postulierten, und in diejenigen, die der Auffassung waren, daß wir nie den Schlüssel zu allen

Geheimnissen erlangen. In der letzten Zeit war viel über die Forschungen am Gehirn Einsteins zu hören, das sich angeblich durch die besondere Größe der Scheitellappen (Parietallappen) auszeichne. Die Genialität Einsteins aus dieser außergewöhnlichen makroskopischen Eigenschaft seines Gehirns ableiten zu wollen, scheint jedoch unbegründet.

Gegenwärtig, nach dem erfolgreichen Klonen eines Schafes, nachdem nachgewiesen wurde, daß Mutterzellen (*stem cells*) als totipotent prinzipiell in der Lage sind, sei es das ganze System, sei es dessen Teile zu klonen, wurde einer fröhlichen, doch nicht immer begründeten Hypothesenproduktion Tür und Tor geöffnet. Da es nicht danach aussieht, als könnte die Übertragung von Genen der größten Vogelgattungen dazu führen, daß unsere Nachkommen das Fliegen erlernen, wird dieses so erdachte Problem als nicht realisierbar auch nicht zum Gegenstand bioethischer Überlegungen. Wir überlegen nicht, ob es der Würde des Menschen entspricht, ihn in einen Engel umzuwandeln, weil dies ohnehin nicht möglich ist. Das ganze Gewicht moralischer Entscheidungen, die der Bioethik unterliegen, bekommen wir erst dann in erdrückender Weise zu spüren, wenn alte Phantasien Chancen bekommen, Realität zu werden. Das Klonen, das bei verschiedenen Gattungen von Nutzpflanzen und Haustieren bereits angewandt wurde, findet in bezug auf die Gattung Mensch sowohl kategorische Gegner als auch enthusiastische Befürworter. Dies hat zur Folge, daß auf die Frage, ob Menschen geklont werden können oder besser: dürfen, und ob man zumindest mit der Schaffung verschiedener Sammlungen menschlicher Organe beginnen dürfe, sehr unterschiedliche Antworten fallen. Im schäumenden Kielwasser dieser Problematik tauchten nicht minder gewichtige Probleme auf, wie zum Beispiel die brennende Frage, ob das Sperma des verstorbenen Ehemannes dazu benutzt werden dürfe, die Ehefrau, besser seine Witwe, zu befruchten, wenn diese den entsprechenden Wunsch äußert. Auch in diesem Fall ist bereits eine frontale Kollision der Antworten von »es darf« gegen »um nichts in der Welt« zum Vorschein gekommen. Die einen sind der Auffassung, man dürfe den Menschen nicht des Rechts berauben, sich postum zu vermehren, doch beschränkt sich das Lager der Gegner nicht nur auf Vertreter religiöser Konfessionen.

Zum nächsten Problemkreis gehört die Frage nach den zulässigen Grenzen für eine autoevolutive Vervollkommnung oder zumindest für Verbesserungen in der Erbmasse des Menschen. Manche halten Stellung gegen jede genetische Verbesserung unter Berufung etwa auf das Beispiel von Händel: die Tatsache, daß er Epileptiker war, dient als Grund dafür, daß nicht einmal die Gene, die zum Ausbruch der Epilepsie geführt haben, hätten beseitigt werden dürfen. Diesen Diskurs müßte man mit dem folgenden Vergleich beginnen: des Buchstabenalphabets bedienen sich alle Europäer, des lateinischen bediente sich dabei sowohl Shakespeare als auch alle, die unter Graphomanie gelitten haben. Aus der Tatsache, daß man mit den selben Buchstaben Hypothesen von der Qualität der kopernikanischen sowie Banalitäten und Absurditäten zusammensetzen kann, darf jedoch nicht die Gleichgewichtigkeit und die Gleichwertigkeit aller Buchstabenprodukte gefolgert werden. Die Nachricht von dem bevorstehenden Abschluß der Entzifferung des gesamten menschlichen Genoms hat sich bereits ausgebreitet, das Erkennen aller Milliarden von Nukleotiden, die für unsere Erblichkeit zuständig sind, wird jedoch nicht zugleich das Wissen darüber erbringen, wie diese ganze biochemische Buchstabensammlung zur Entstehung physischer und psychischer Eigenschaften bei den menschlichen Embryonen führt. Der Weg, den wir zurücklegen müssen, um die Funktionen der Gene in all ihrer Verschiedenheit und Reichweite zu erkennen, wird sehr lang sein. Es ist bekannt, daß zwei Genome, die aus identischen Nukleotiden bestehen, keinen identischen Entwicklungsweg gehen, da die Verortung des Nukleotids oder der Nukleotidgruppen im Chromosomenfaden eine wichtige, sogar die entscheidende Rolle spielt. Menschen können oft primitiv und dumm sein, ihnen allen ist aber eine erstaunliche Baukomplexität eigen, die sich der anthropogenetischen Evolution verdankt. Ehrlich gesagt werden die vor den Ingenieuren und Konstrukteuren der künftigen Genome stehenden Aufgaben – eine Betätigung, die ich einmal »Gebärarbeit« genannt habe – nicht nur ethischen Urteilen und Verboten ausgesetzt sein, sondern sich auch aus wissenschaftlich-technischer Sicht als überaus kompliziert erweisen.

Wir stehen am Anfang eines schwierigen, bedrohlichen und großartigen Weges. Selbst wenn es sich erweisen sollte, daß eine Unzahl von Nukleotiden des Menschen, mitgeschleppt über Generationen und Jahrhunderte, in ihrem Körperausdruck nur Schaden hervorbringen, wenn also die Beseitigung solcher Gene vor allem zur Verbesserung der Qualität der Erbeigenschaften führen sollte, dann wäre der dadurch erzielte Nutzen eine zwar ehrbare, doch bescheidene Vorstufe zu weiteren Überlegungen. Auf den Umschlägen bunter Magazine tauchen bereits Abbilder großartiger Männchen und bezaubernder Weibchen unserer Gattung auf, ganz so, als wären die Lektionen anthropischer Optimierung bereits erteilt und angeeignet. Dem ist aber nicht so. Scharen von Schreiberlingen, die sich für die verkündeten Einfälle nicht besonders verantwortlich fühlen, übersäen uns dennoch mit einer Unzahl leerer Versprechungen. So soll beispielsweise die »Produktion« phänomenaler Athleten, Künstler, mathematischer Genies anlaufen, die bereits in der Gebärmutter oder gar in einer künstlichen Gebärmutter, im sogenannten »Uterator«, mit einer ganzen Ladung magischer Vorzüge und Fähigkeiten ausgestattet werden sollen. Bis zu einem bestimmten Grad können Eltern bereits heute das Geschlecht ihrer Sprösslinge mit beeinflussen. Noch bevor das Präludium der Klon-Ära intoniert wurde, begann man mit dem Aufbau von Spermabanken großer Persönlichkeiten wie der Nobelpreisträger. Das war sehr riskant. Eine der Schwierigkeiten, denen die Designer der Erbeigenschaften begegnen, läßt sich am folgenden Beispiel leicht demonstrieren. Wenn nach dem Mischen und Verteilen von Karten jeder Bridgespieler ungewöhnlicherweise nur eine einzige Farbe in die Hand bekommt, dann kann man sicher sein, daß nach der Partie und erneuter Mischung der Karten mit keiner Spur der »Vererbung« einer Farbe gerechnet werden kann. Mit den Genotypen des Menschen ist es ähnlich. Wie bekannt, gab es in den aufsteigenden Linien der Bachfamilie zahlreiche Organisten, und es erfolgte eine Kumulation bestimmter Gene, die in dem herausragenden Komponisten gipfelte. Andererseits ist uns nichts über außergewöhnliche Fähigkeiten der Eltern oder

Großeltern Einsteins bekannt, die zur Entstehung der Relativitätstheorie hätten einen Beitrag leisten können. Genaue statistische Untersuchungen, durchgeführt am umfangreichen Material mehrerer Generationen, haben zu keinem eindeutigen Resultat geführt, da nicht jeder außergewöhnlich begabte Mensch von seiner Umgebung als ein solcher anerkannt wurde.

Da wir über kein eindeutiges Maß besonders anerkennenswerter psychischer oder physischer Eigenschaften des Menschen verfügen, oder anders formuliert, da wir keine Möglichkeit haben, an die Menschen ein einheitliches Maß anzulegen, können wir auch nicht schlüssig in Erwägung ziehen, ob es besser ist, einen künftigen Eroberer höchster Berggipfel als Kind zu bekommen oder doch eher einen ausgezeichneten Dirigenten oder Satiriker. Die natürliche Streuung im Genkontingent des Menschen einer Auswertung zu unterziehen ist um so schwieriger, als da das klassische Dilemma *nature or nurture*, also das zwischen angeborenen und anerzogenen Eigenschaften, nach wie vor seine Gültigkeit behält. In der Regel sind leider die Gene am deutlichsten vererbbar, die hohe – bis hin zur letalen – Schädlichkeit aufweisen, wie beispielsweise das Gen, das Mukoviszidose hervorruft und im jungen Alter tötet. Wir wissen auch, daß einzelne Allele sowie deren Aggregate die Entstehung nützlicher, gleichzeitig aber auch schädlicher Eigenschaften verursachen können. Vor allem wissen wir, daß Genialität nicht anders als durch den kulturellen Einfluß geerbt wird. Die Psychobiologie ist voll von Beispielen, in denen die Nachkommen hervorragender Persönlichkeiten sich durch unterdurchschnittliche Intelligenz oder gar psychische Deviationen hervorgetan haben. Dieses Sachgebiet ist überaus verwickelt, und deswegen wäre es wünschenswert, daß die künftige Gesetzgebung den Kandidaten auf Elternschaft nur solche chirurgischen Interventionen im Genbereich erlauben würde, die in der Lage wären, ausschließlich die schädlichen Teile des Genoms zu beseitigen.

In allen diesen Überlegungen habe ich die grundsätzliche Frage nach dem verzweigten, komplizierten Weg der Evolution, den die Primaten in einigen Millionen von Jahren zurückgelegt haben, um sich dann in der Gattung des *Homo sapiens sapiens* zu stabilisieren, nicht einmal berührt. Der abgestorbenen Varianten gab es sehr viele; allein um die eine Variante, den uns Menschen nah verwandten Neandertaler, herrschten und herrschen bis heute kontroverse Ansichten. In der letzten Zeit setzt sich allerdings eine Version durch, nach der der Neandertaler, mit einem – im Vergleich zu unserem – größeren Gehirn ausgestattet, zumindest einige Dutzend Jahrtausende lang zeitgleich mit dem vernunftbegabten Menschen (*sapiens*) lebte, wobei die Untersuchung der Knochenreste vom Schädel des Neandertalers suggeriert, daß die-ser Urmensch, der bereits die Künste pflegte, auch die Gabe der Sprache entwickelt hatte. Die Version, die besagt, daß unsere Vorfahren den Neandertaler Zweig verloren hätten, weicht der Auffassung, daß der *homo neandertalensis* sich mit unseren Vorfahren vor etwa hunderttausend Jahren kreuzte.

Die obige Ausführung ist insofern von Bedeutung, als sie leicht zu der Feststellung führt, daß der immer noch unsichere Stand unseres Wissens über die Vergangenheit der urmenschlichen Gattung uns um so weniger dazu befähigt, über den Menschen der Zukunft, der die eigene Evolution in die Hand nehmen würde, etwas auszusagen. Alle Angst oder Entzücken auslösenden Spekulationen sind das Ergebnis verfrühter Bemühungen von Produzenten unverantwortlicher Sensationen. Tatsache ist, daß der Mensch als Gattung in der Lage sein wird, nicht nur sich selbst zu beherrschen, sondern auch zu gestalten. Wie nun aber die Früchte dessen aussehen werden, dies werden erst die kommenden Jahrhunderte zeigen.

Intelligenz, Verstand, Weisheit

Die Bedeutungsfelder der obengenannten Begriffe differieren erheblich. In meinem Empfinden ist besonders unpersönlich die Intelligenz, weswegen gerade sie alle diejenigen zu konstruieren versuchen, die dies für machbar halten. Angesichts der Tatsache, daß Veränderungen im Fluß der Zeit unsere Errungenschaften relativieren, habe ich nicht vor, um mit Shakespeare zu reden, mich zwischen die Klingen gewaltiger Fechter zu begeben, da ich mich – wiederum mit seinen Worten – für ein untergeordnetes Wesen halte. Tatsache ist, daß ich weder in Fragen der künstlichen Intelligenz noch der Metamathematik dem Platonismus, eher schon dem Naturalismus anhänge. Das bedeutet, daß nur Konstruierbares sich auch konstruieren läßt, also sowohl das gewaltige Gebilde, genannt Mathematik, als auch die uns gegebene Fertigkeit, genannt Intelligenz. Es scheint mir, daß der emotionale Anteil an dem Begriff Verstand deutlich größer ist als im Fall von Intelligenz und es daher viel schwieriger sein wird, einen völlig unpersönlichen oder gar außerpersönlichen Verstand zu schaffen. In dem Buch *Golem XIV* gelang es mir, diesem Dilemma zu entkommen, indem die Maschine, die eine Potenzierung der anthropomorphen Intelligenz war, es zugleich vermochte, sich selbst verschiedene persönlichkeitsgebundene Hintergründe anzueignen. Die Weisheit schließlich scheint mit einer noch größeren Dosis verläßlichen Wohlwollens durchtränkt zu sein, was moralische Güte und elastische Beständigkeit des Urteils bedeutet.

Ich habe bereits viele Arbeiten und Bücher gelesen, in denen die Chance, eine außermenschliche Intelligenz zu erschaffen, verabsolutiert wurde, sowie eine nicht mindere Zahl gut begründeter Ausführungen, die den Leser zu überzeugen suchten, daß diese Konzeption nicht realisiert werden kann und nie realisiert wird. Es fällt in der Tat schwer, sich über dieses Gedränge derart widersprüchlicher und fachlich begründeter Auffassungen zu erheben. Es gilt, Bescheidenheit zu üben, das heißt, wir befinden uns auf einem Weg unweit einer Haltestelle neuronaler Netze und wissen bereits, daß die gestellte Metaaufgabe um so schwieriger zu verwirklichen ist, je weiter wir auf diesem Weg vorankommen. Zugleich wissen wir, daß es sich hier um eine überaus komplexe Konstruktion handelt, die für die komplizierteste Sache des ganzen Weltalls gehalten wird, und deswegen sollte man sich beim Thema künstliche Intelligenz vernünftigerweise auf einige einfache Bildmetaphern beschränken. Es gab eine Zeit, und sie liegt noch gar nicht so weit zurück, als die Überzeugung, daß der höchste Gipfel des Himalaya vom Menschen nicht ohne Sauerstoffapparate erklommen werden kann, als unumstößlich galt. Nur wenige Jahre nach diesem radikalen Urteil wurde der Mount Everest nicht nur erklommen, vielmehr hat man ihn bis heute viele Male ohne Unterstützung mit Sauerstoff erobert. Wir wissen auch, daß nicht etwa die Verfassung des Menschen in den wenigen Jahren einer solchen Veränderung unterlag, daß das Bergsteigen in den Himalaya allgemein zugänglich wurde – was der Vorstellung, man könne, wenn man nur beharrlich genug wäre, die Kräfte nach den Absichten richten, recht geben würde. Ich erzähle von etwas, was wir nicht ganz verstehen, ähnlich wie wir nicht verstehen, wie es möglich ist, daß bösartige Tumore, selbst wenn sie viele Metastasen aufweisen, unter sehr verschiedenen Umständen und bei vielen Menschen völlig unerwartet zum Stillstand kommen. Es kommt schon vor, daß ein Arzt einem ehemaligen Patienten beim Spaziergang begegnet, der sich bester Gesundheit erfreut, obgleich er nach allen Regeln der ärztlichen Erkenntnis zu den Verblichenen zählen müßte. Warum es dem einen gelingt, der Schaufel des Totengräbers zu entkommen, dem anderen aber nicht, bleibt ein Geheimnis, an das sich die Medizin, ehrlich gesagt, nur ungern erinnern läßt.

Das dritte Bild zu der Frage nach der Konstruierbarkeit der künstlichen Intelligenz entstammt auch der Medizin, ist aber zumindest nachvollziehbar. Es werden gegenwärtig Operationen durchgeführt, die derart raffiniert subtile Eingriffe erfordern, daß auch die besten Chirurgenhände sie nicht vornehmen können. In einem solchen Fall vertritt den Menschen ein entsprechend programmgesteuerter Roboter, der die chirurgischen Instrumente bedient. Dabei handelt es sich um ein Gebiet in den Grenzen einer engen Spezialisierung, das von der Nano-, Piko- oder Femtotechnologie noch weit entfernt ist. In diesen geht es um die Fähigkeit, einzelne Moleküle, bisher nicht existierende Polymere sowie die kleinsten Elemente, aus denen die Lebensprozesse bestehen, zu manövrieren, zusammenzufügen und zu zerteilen. Dabei sollten wir beachten, daß die Anstrengung, die der Evolutionsprozeß in die Schaffung derartiger Produkte investiert hat, nicht unbedingt etwas sein muß, was wir nicht überhöhen oder überschreiten könnten. Wenn ich mich im letzten Satz einer anthropomorphen Ausdrucksweise bedient habe, so liegt das an der Begrenztheit unseres biotechnologischen Vokabulars. Entdeckungen, Unternehmungen oder die Architektonik, die sich auf die atomare Ebene der Materie begeben, zwingen uns dazu, zahlreiche neue Namen zu erfinden, ähnlich wie dies geschah, als die elektronische Kommunikation und die Datenbanken mit Fachinformationen die Menschen zu faszinieren und ihre Welt zu beherrschen anfingen. An der Schwelle zum 21. Jahrhundert werden wir fast lawinenartig mit Nachrichten über die Unmengen von Produkten der elektronischen Industrie überschüttet, die uns dazu bewegen möchte, nach den Früchten von diesem Baum der Erkenntnis zu greifen. Wie wir wissen, gelang es der Schlange, unsere Ureltern im Paradies dazu zu bewegen, von dem Apfel zu kosten, was sie allerdings ziemlich teuer zu stehen kam. Gegenwärtig preisen uns ganze elektronische Obstgärten ihre Paradiesfrüchte an, was unweigerlich gute und schlechte Seiten haben wird, denn so ambivalent ist die Natur der Dinge. Nicht abwegig wäre es, sich ins Gedächtnis zu rufen, daß in den letzten gut über zweihundert Jahren die neuen Technologien die Geschichtsarena im Scheinwerferlicht großartiger Glücksversprechen betreten haben. Jeder Anfang erwies sich als Sensation, ob es der Phonograph war oder das Telefon oder aber das erste Unterwasserkabel, das Europa mit Amerika verband, schließlich der Ballon oder das Flugzeug. Alle diese der Reihe nach entwickelten Elemente der sich ausbreitenden Technosphäre des Menschen dienten dann bald der Rationalisierung sowohl der wirtschaftlichen wie auch der kriegerischen Heldentaten der Menschheit. Heute erfreuen sich die Gelehrten, insbesondere diejenigen, die die Mikrowelt im Quantenmaßstab erforschen, keiner allgemeinen Anerkennung, und auch der große Ruhm bleibt ihnen verwehrt. Heute rühmen die Medien eher die Filmstars. Und doch sind körperliche Reize vergänglich, während die Wissenschaft der zunehmenden Beschleunigung, einem autokatalytischen Prozeß gleich, unterliegt. Es ist also durchaus möglich, daß wir im kommenden Jahrtausend das Rätsel des Bewußtseins nicht lösen werden, dafür werden wir die Intelligenz so vollkommen imitieren können, daß, umgeben von Legionen und Schwärmen von Imitationen, wir immer vollkommener unter deren Kuratel fallen. Dies wird zur Folge haben, daß die Souveränität der Individuen paradoxerweise zu- und abnehmen wird, während gleichzeitig das wahre Gesicht der sogenannten Globalisierung zum Vorschein kommt. Auch die Globalisierung bedeutet nichts anderes als eine Reduktion der Souveränität einzelner Staaten mit dem Ziel, sie vor durchschlagenden Katastrophen zu schützen, die die Gesellschaften untereinander herbeiführen – ein beliebtes Spiel von Menschen, insbesondere derjenigen an der Macht –, so daß die Bildung einer Weltregierung lästigerweise doch immer dringender notwendig sein wird. Der Dominikaner Dubarle, der auf das Kybernetik-Buch Norbert Wieners von 1948 mit einem Artikel über die nicht mehr phantastische Möglichkeit des Baus einer Regierungsmaschine reagierte, wird wahrscheinlich sowohl den missionarischen Befürwortern als auch dem antimaschinellen Terrorismus zum Opfer fallen, denn nicht nur im Singular gilt *one man's meat is another man's poison*.

Aus der Flut von Aufsätzen, die Licht in die Zukunft bringen wollen, wähle ich einen aus der englischen

Wochenzeitung »New Scientist« aus, der auf dem Umschlag empfohlen wird und besagt, daß jeder ein Genie werden könne. Aus dem Text erfahre ich, daß autistische oder anders geistig behinderte Kinder gelegentlich in der Lage sind, mit ihrer Leistung auf einem bestimmten Gebiet gewöhnliche Menschen haushoch zu schlagen. Eigentlich geht es um eine bekannte Erscheinung, die in der psychologischen Literatur als eine eigentümliche Art außerordentlicher psychischer Leistungsfähigkeit eines jungen Menschen mit einem sehr niedrigen allgemeinen IQ beschrieben wird. Oft handelt es sich um phänomenale Rechenkünstler, die mit Rechenmaschinen in Konkurrenz treten können, und um Eidetiker, die nach einem Blick auf eine Druckseite den ganzen Inhalt derselben auswendig vorsagen können. Diesen Erscheinungen vergleichbar sind besondere und seltene Fähigkeiten im Bereich von Spielen, beim Schach etwa. Über die Grundlagen dieser Art von Phänomenen, wobei sich einzelne durch sehr enge, oft intuitive Fähigkeiten hevortun, wissen wir sehr wenig. Möglicherweise läßt sich das Erkenntnisproblem auf das zurückführen, was der menschliche Verstand mit Bewußtsein überdeckt und was bei Künstlern, aber im gewissen Rahmen bei allen Menschen, nur unterhalb der Bewußtseinsschwelle, also erst im zweiten Schritt zur Veranschaulichung oder Verbalisierung kommt. Ich weiß nicht, ob ich ein repräsentatives Beispiel abgebe, doch ist mir bewußt, daß die Mehrzahl der belletristischen Fiktionen sich insofern in mir selbst verfaßt hat, als ich sie geschrieben habe, ohne im voraus ihr Erzählschema oder den Verlauf der Aktion, ohne deren Knotenpunkte oder das Finale zu kennen. Ich habe also gewissermaßen ein Diktat geschrieben, mit dem Unterschied, daß das, was ich schrieb, mir durch solche Tätigkeitsfelder meines Gehirns diktiert wurde, zu denen ich keinen introspektiven Zugang habe. In der Regel sah der kreative Mechanismus so aus, und ich will ihn weder loben noch beklagen, denn es scheint mir, daß er bei sehr unterschiedlicher Intensität jedem zueigen sein kann. Insbesondere in Tagträumen, hyponoiden, hypobulischen und hypnotischen Zuständen wird ein bestimmter Gehirnvorgang scheinbar isoliert, dessen Folgen kaum, wenn überhaupt, durch einen Willensakt unter Kontrolle gebracht werden können. Was bedeutet das? Ich vermute, daß die Entzifferung solcher psychischen Phänomene ein wenig auch deren triviale Natur und Provenienz zum Vorschein bringen wird. Um es ganz schlicht zu formulieren: das Gehirn des heutigen Menschen entstand im Wettstreit der Gene im Verlauf der letzten Million Jahre nicht deswegen, um uns das Musizieren, Malen, Reimen und Schreiben oder das Betreiben von Physik und Philosophie zu ermöglichen. Wir wissen inzwischen, wie verzweigt und ausladend der troglodytische Baum der Urmenschen war, wie er anthropoide Zweige trieb, wie in den Seitenlinien oder -trieben Geschöpfe, genannt *homo afarensis, homo habilis, homo neandertalensis* (bereits *sapiens* genannt), aufgekommen sind, wie dieser ganze Wettbewerb der Gene Körper und Gehirne formte, die in der Konfrontation mit der irdischen Welt offensichtlich statische Schwierigkeiten und gewisse adaptive Unzulänglichkeiten aufwiesen, so daß dieses Spiel der Gene in einigen Zweigen zum Erliegen kam, praktisch die Karten noch einmal verteilt wurden und die Partie von neuem begann, bis sich schließlich der *homo sapiens* konstituierte. Zusammengefaßt und brutaler formuliert, ging es um einen Vorgang, der sich in der Werkstatt eines tauben und blinden Bildhauers abspielt, der die Aufgabe hat, eine Figur zu modellieren. Dieser Bildhauer, mit dem Ergebnis seiner Arbeit immer wieder unzufrieden, beginnt den Ton zum wiederholten Mal zu kneten, um den nächsten Versuch machen zu können. Im Fall des Spiels zwischen den Genotypen und den Phänotypen muß es natürlich zu unvergleichlich komplizierteren, in grauen Urzeiten verschollenen Relationen gekommen sein.

Das Gehirn ist zwar als ein Ganzes entstanden, wurde aber aus einzelnen Modulen gebaut, die nicht unbedingt von Anfang an aufeinander funktionell abgestimmt sein mußten, hatte doch die Millionen Jahre dauernde anthropogenetische Schlacht niemand projektiert oder kontrolliert. Infolgedessen haben verschiedene Fertigkeiten, in verschiedenen Regionen des Gehirns angesiedelt, auf verschiedenen Ebenen und in den auf merkwürdigste Weise verbundenen Zentren und Kernen, in unterschiedlichem Maß ihre Autarkie bewahrt. Das war tatsächlich im Prinzip einem solchen Mischen und Verteilen von Karten ähnlich – nur millionenfach komplizierter –, das blind und beharrlich nach dem Gewinn im Spiel um die homöostatische Stabilität strebt. Deswegen kann von einem einzigen Spiel um den Menschen, das außerdem noch durch ein einziges Verteilungssystem angetrieben gewesen wäre, gar keine Rede sein. Es gab viele Abzweigungen, es gab die *australopithecinae*, es gab den *pithecanthropus robustus*, und diese Vielfalt hat ihren Geschicklichkeitstest da bestanden, als vor etwa einer Viertelmillion Jahren der Mensch, der bis dahin in kleinen Haufen lebte, ein gesellschaftliches

Leben begann, sich stärker vermehrte und infolgedessen über die ganze Erde verteilte. Und doch waren einige seltsame Funktionsweisen mißlungener Prototypen in den Genotypen codiert und gewissermaßen fortgeschleppt, so daß sie an verschiedenen Stellen und bei verschiedenen Gelegenheiten, mal zum Guten, mal zum Verderben auftauchten. Es genügt, sich vorzustellen, was das Schicksal eines Menschen mit dem Gehirn eines Einsteins in der Höhlenzeit hätte gewesen sein müssen. All das können wir mit der Feststellung zusammenfassen, daß wir im Zuge von Spielen aus einzelnen Würfeln entstanden sind und daß die Evolution die tatsächlichen Fertigkeiten der Gattung geprüft hat, ohne sich jedoch um introspektive Sonden zu kümmern, die es unserem Denken ermöglichen würden, sich selbst zu ergründen – aus diesem Grund besitzen wir Intuition, ohne über ihre Funktionsweise Bescheid zu wissen, deswegen erinnern wir uns, wir sprechen, schreiben und verstehen, wissen aber nicht, wie das geschieht. Dem Menschen genügt es, einen Blick auf sich selbst zu werfen, um zu erkennen, wie bescheiden die Domäne seiner Körperlichkeit ist, die der Selbstkontrolle unterliegt. Wir sind so gebaut, daß die Wunden heilen, aber wir wissen (außerhalb der Medizin) nicht, warum sie es tun. Mit einem Wort, der Titel des alten Buches von Alexis Carrel, *Der Mensch, das unbekannte Wesen*, ist nach wie vor aktuell. Nicht nur, daß wir uns selbst nicht kennen, wir wissen auch nicht, wie wir uns in unvorhergesehenen Situationen verhalten werden. Ich weiß nicht, ob Erkenntnisse, die uns schließlich die Erschaffung der künstlichen Intelligenz ermöglichen, uns auch guttun werden. Möge es so sein.

Paradoxa des Bewußtseins

Man wird annehmen können, daß alle Menschen über ein Bewußtsein verfügen, nicht alle aber in der Regel sich dessen bewußt sind. Dieser ganze Bereich statuiert gewiß keine Einheitlichkeit. Wir wissen nicht, wie das Bewußtsein geboren wird, wie es entsteht, wir wissen auch nicht, wie seine Verbindungen zur Intelligenz aussehen. Sehr naiv habe ich in der *Summa* über die Elektronengehirne geschrieben, sogar über die Glaubensvorstellungen der Elektronengehirne. Mir schien – und bei weitem nicht mir allein –, daß der Weg des Konstrukteurs querbeet bis hin zur Intelligenz durchaus begehbar ist. Heute, etwas besser informiert, ist mir die Komplexität des ganzen Problems bewußt. Die Frage, ob ein Mensch in der Lage ist, komplizierte, am klaren Ziel ausgerichtete Tätigkeiten unbewußt oder besser außerhalb des Bewußtseins auszuüben, kann ohne Zögern bejaht werden. So eben verhält sich jeder einigermaßen erfahrene Autofahrer, Ruderer, Drachenflieger sowie Menschen in vielen verschiedenen Situationen. In diesem Bereich herrscht sogar eine gewisse Reziprozität der Zustände, denn ein Verhaltenssystem, das unter der Aufsicht des Bewußtseins erlernt wurde, unterliegt einer so weitgehenden Automatisierung, daß das Eindringen der bewußten Aufmerksamkeit in die Kette geübter Verhaltensformen eher ein Hindernis als eine Hilfe darstellt. Dies betrifft auch unsere sprachliche Leistung. Oft ist es besonders schwierig, eine aus einem auswendig gelernten Gedicht herausgebrochene Stelle zu zitieren, da dies eine gewisse

Desautomatisierung des Sprachaktes erfordert. Um diese Stelle vorsagen zu können, fällt es leichter, die Rezitation des Textes ganz am Anfang zu beginnen. Damit wird die Verselbständigung infolge des Lernens, also des Einprägens, solcher Handlungen angesprochen, deren koordinierter Verlauf die zeitgleiche Zusammenarbeit verschiedener, sogar in beiden Hirnhälften lokalisierter Neuronensysteme erforderlich macht. Und doch ist es sehr schwer zu umschreiben, wie ein unter Aphasie, Ataxie, Alexie oder Agnosie leidender Mensch das Bewußtsein erlebt. Es ist uns bekannt, daß ein Mensch sehen kann, während er in seinem Bewußtsein blind ist. Ein solcher Blinder weiß nicht, daß er die Umgebung und einen anderen Menschen mit einem Ball in der Hand sieht, er wird aber diesen Ball auffangen, wenn er ihm zugeworfen wird. Solche Phänomene – und es sind ihrer Legion – sind solchen Neurologen am besten vertraut, die, wie der russische Forscher Lurja, es mit Tausenden von Menschen zu tun hatten, die unter verschiedenartigen Hirnschäden litten. Die Therapie besteht oft im geduldigen Erlernen von Umwegen und Ersatzhandlungen oder in der Kontrolle des Verhaltens mit Hilfe anderer Sinne. Es wäre unsinnig, sich jetzt weiter in die Neurologie zu vertiefen, das bisher Gesagte diente lediglich als eine Einführung in die nichtmetrische mehrdimensionale Aktivität des Gehirns, das in der Lage ist, eine beliebige gezielte Handlung auf sehr unterschiedliche Art und Weise auszuführen.

Wie ich in der *Summa* schrieb, beschäftigt sich der Konstrukteur nicht mit der Frage, ob die Maschine ein Bewußtsein besitzt, sondern damit, ob sie handlungsfähig ist. Alles das, was wir über die sich außerhalb des Bewußtseins abspielenden Automatismen und Instinkte wissen, erlaubt uns zu glauben, daß beispielsweise neuronalen Netzen komplizierte Prozeduren beigebracht werden können, mit Hilfe deren wir zwar wissen, was sich am Eingang und was am Ausgang solcher Netze befindet, aber nicht wissen müssen, was in dem Netz selbst vor sich geht. Vorläufig sind wir über die Computerprogramme von Winograd, die, mit optischen Sensoren ausgerüstet, Aufgaben vom Typ »Sage, wie viele geometrische Körper auf dem Tisch stehen« oder »Setze den Kegel auf den Würfel« ausgeführt haben, nicht weit hinausgegangen. Neuerdings teilt man uns triumphierend mit, daß ein Roboter, der sogar die Treppe herauf- und herabsteigen kann, sich selbständig in der Laborumgebung zu orientieren vermag. Ich würde aber nicht behaupten wollen, daß er an die geistige Autonomie eines anderthalbjährigen Kindes heranreicht, das noch nicht sprechen kann. Die Enthusiasten vom Zeichen des Artificial Intelligence wollen aber bereits in der nächsten Robotergeneration wenn nicht Einsteins, so doch zumindest Kellner und Hausmeister sehen. Dabei kann man sowohl mit einem Kellner wie auch mit einem Hausmeister zum Beispiel über Politik und Geld lustvoll plaudern. Die Befürworter von AI ähneln heute in meinen Augen den Zirkusakrobaten, die viel geschickter als der Zuschauer Luftsprünge von Trapez zu Trapez vollbringen können. Es ist zweifellos eine Meisterschaft *sui generis*, sie muß aber keineswegs durchgehend unter der konzentrierten Aufmerksamkeit des Bewußtseins erfolgen. Obgleich ich den Maschinensystemen der Zukunft Chancen zur sprachlichen Artikulation eingeräumt habe, also deren Befähigung zur Konversation mit dem Menschen in den Grenzen bestimmter Themen für möglich hielt, so würde ich sie gegenwärtig dennoch nicht mit der freien Rede eines unqualifizierten Arbeiters oder einer Köchin gleichstellen. Eher verschwiegen wurde das doch beachtliche Problem, daß die Fähigkeit, einen geschickt programmierten Computer in einem Gespräch von einem Menschen zu unterscheiden, in sehr hohem und zugleich sehr unterschiedlichem Grad von dem menschlichen Gesprächspartner, also von dessen intellektueller Ausstattung, abhängt. Unter anderem aus den Arbeiten von Weizenbaum erfuhren wir, daß auf sein pseudopsychologisches Programm *Elisa* sogar die Personen hereinfielen, die wußten, daß sich hinter dem Fragen- und Antwortgeber kein Mensch, also kein Verstand verbarg. Die durch anthropomorphe Projektion hervorgerufene psychologische Illusion führte dazu, daß eine Sekretärin, die durch das Programm *Elisa* mit einer ihrer Meinung nach intimen Frage konfrontiert wurde, den Professor bat, sie mit der Maschine allein zu lassen, die doch selbst gerade so viel verstand, wie eine Wand verstehen kann, die den Tennisball eines Spielers zurückschlägt. Wir sind also genötigt, das Problem der künstlichen Intelligenz als ein dichotomes zu betrachten, kommt sie doch durch den Zusammenstoß zweier Systeme zustande: des Menschen, bei dem wir annehmen, daß er versteht, was er sagt oder tut, und der Maschine, die in einer sehr unterschiedlich gestuften Perfektion den Partner simulieren wird. Ich befürchte, daß die Simulation sich gleichzeitig als unbewußt und dem Bewußtsein bis zum Verwechseln ähnlich erweisen kann. Diese Schwierigkeit wurde noch nicht bewältigt, und so

bildet sie heute den gordischen Knoten, dessen Ent-
knoten oder Durchschlagen erst die Zukunft wird
übernehmen müssen.

Intelligenz – Zufall oder Notwendigkeit

In einem Gespräch mit jungen deutschen Philosophen erlaubte ich mir, die etwas rhetorische Frage zu stellen, ob die Intelligenz eine wesentliche Bedingung der Lebensfähigkeit einer Gattung sein kann. Ich habe mir selbst geantwortet, mit der Feststellung, daß die millionenfache Vielfalt der auf der Erde lebenden Gattungen auf der millionenfachen Vielfalt der Bakteriengattungen entstand und basiert. Sie entstand, weil Cyanobakterien, photosynthetisierende Algen und sicherlich auch zahlreiche andere Prokaryonten die Atmosphäre der kaum abgekühlten und verkrusteten Erde radikal veränderten, woraufhin das in den Wassern der Ozeane ausgeschlüpfte Leben infolge der Bifurkation in Pflanzen und Tiere mit der Invasion der Kontinente beginnen konnte. Bakterien, so sagte ich schon, sind die einzigen Systeme, die auch die größten geo- und kosmogenen Katastrophen überleben können, wahrscheinlich nur mit Ausnahme der Situation, wenn unser Globus bei Umwandlung der Sonne in einen roten, die Bahn der Erde und vielleicht auch des Mars durchbrechenden Moloch restlos eingeäschert würde. Ohne nun die funktionale Tüchtigkeit der menschlichen Intelligenz negieren zu wollen, kann man ihr doch nicht eine größere, das Tierreich überragende Lebensfähigkeit zuordnen. Gattungen, die Hunderte Millionen Jahre gelebt und bis heute überlebt haben, wie etwa die Insekten, zeichneten sich durch eine Mutationsfähigkeit aus, die es beispielsweise den Dinosauriern ermöglichte zu überleben, indem sie sich in Vögel gewandelt haben.

Die Spitze unserer irdischen Evolutionisten kommt immer mehr zu der Überzeugung, daß die Fähigkeit der Evolution, neue Gattungen hervorzubringen, trotz ihres enormen Gestaltungs- und Modellierreichtums an lebenden Systemen, so daß diese an einer überaus breiten Front unsere technischen Möglichkeiten überragen, doch keinen Fortschritt darstellt. Vieles, was man uns im 20. Jahrhundert beigebracht hat – so die fortschreitenden Entwicklungsstufen, die den Beweis erbracht haben sollen, daß ein Weg von Prävertebraten über Fische, Amphibien, Reptilien bis zu Säugetieren führt, mit den Primaten als deren Krönung –, erweist sich als unsere die Evolution scheinbar ordnende Illusion, die heute von der Einsicht in die faktisch existierende Vielfalt – nicht die des Linnéschen Natursystems, sondern die des Dickichts des Lebens – abgelöst wird. Eine derartige Deklassifikation des Evolutionsverlaufs betreibt der amerikanische Evolutionist Stephen Jay Gould, bekannt als Kenner der Schneckenwelt, und die Vielfalt ihrer Gattungen und Familien muß ihm den ersten Anstoß zur Revision der Ansicht von der der Evolution innewohnenden Progressivität gegeben haben. Dieser Zugang, dessen keineswegs alleiniger Vertreter Gould ist, kann teilweise widersprüchliche Ansichten, wie zum Beispiel den Punktualismus oder die Saltationshypothese integrieren. Dank der Zunahme des Wissens in der Paläontologie sind wir in der Tat heute der Auffassung, daß in der Evolution des Lebens sogar Millionen Jahre anhaltende Perioden der Stagnation auftreten, in denen die Gattungsentwicklung dank verschiedener Prototypen, die ihre Adaptationsprüfung bestanden haben, zum Stillstand gekommen ist.

Der Abgrund der dahingegangenen irdischen Zeit ist zwar meßbar und in einzelne geologische Epochen aufteilbar, zugleich aber stellt er einen gewaltigen biochemisch topologischen Raum dar, in dem gleichzeitig oder in unterschiedlichen Abständen all das im Entstehen begriffen war, was in der schöpferischen Kraft von vier Nukleotiden und zwanzig Proteinen lag. Obwohl Vergleiche mit metaphorischem Beigeschmack in bezug auf die kolossale Vielfalt des biologischen Bauwesens hinken müssen, macht es vielleicht doch Sinn, sich bewußtzumachen, daß das, was sich als besonders dauerhaft erwies (wie zum Beispiel die ägyptischen, aber auch die südamerikanischen Pyramiden), für die späteren architektonischen Formen keine Inspiration war und daß sich auch nicht vertreten läßt, daß der romanische Stil den gotischen geboren habe und dieser wiederum den Barock, der sich im Laufe der letzten zwei Jahrhunderte in die technogene Bauweise der Gegenwart verwandelte. Weniger die axiometrischen als schlichtweg die baulichen Urteile weisen eine gleichsam labyrinthische Widersprüchlichkeit auf, wenn uns die Säugetiere sowohl als »höhere« wie auch als von früheren Familien ableitbare erscheinen, während uns in diesen Vermutungen die uns wohl vertraute Konvergenz zu bestätigen scheint, die bei unabhängig voneinander und auf verschiedenen Kontinenten entstandenen Gattungen sichtbar ist. Einen der Beweise dafür, daß Ähnlichkeiten unabhängig voneinander entstehen können, ist die Tatsache, daß im Unterschied zu den zumindest über Landbrücken miteinander verbundenen Kontinenten, wie im Fall von Nordamerika und Eurasien an der Beringstraße, auf dem kleinsten Kontinent, Australien, nicht Säugetiere, sondern Beuteltiere mit einer ganzen Palette von Gattungen entstanden sind. Die vom Menschen, auch dem Urmenschen, angeführten Säugetiere haben in der Regel die Beuteltiere aus ihren ökologischen Nischen verdrängt. Heute sagt man, daß die multikontinentale Konvergenz getrennt voneinander entstehender Gattungen durch die große Ähnlichkeit der aufkommenden und lang anhaltenden klimatisch-geologischen Bedingungen sowie der insolativen Homöostase bedingt war, da die hauptsächliche, wenn nicht die einzige Quelle der Leben schaffenden Energie, also die Sonneneinstrahlung, nur in den frühen Etappen der Biogenese weniger leistungsfähig war. Die Sonne hat sich, nachdem sie aufleuchtete, stabilisiert, und es ist kein Zufall, daß die Gegenwart ziemlich in die Mitte ihrer produktiven Srahlungszeit fällt. Gemäß unserem heutigen Wissen ist die Sonne nicht irgendein Stern, vielmehr kreist sie einsam, zusammen mit dem Planetensystem, eher am Rande unserer Galaxis, also der Milchstraße. Sehr viele Sterne bilden nämlich Gruppen, deren Gravitationsfelder die Existenz langfristig ungestörter Umlaufbahnen von Planeten nicht zulassen.

Ich spreche von diesen Dingen, weil sie zu einer beachtlichen Sammlung von Erscheinungen gehören, auf die der Mensch samt seinen technischen Erfindungen keinen Einfluß haben wird. Zu den jüngsten Produkten des Erfindungsgeistes gehört das stark bewirtschaftete Feld der Telekommunikation, übersät mit geistreich konstruierten Surrogaten der Intelligenz, für die wir keine Entsprechung zu schaffen vermögen – noch nicht. Die elektronischen Spinngewebe, die den Globus immer dichter einfangen, können die Intelligenz nicht ersetzen. Und selbst wenn sie es könnten, wäre es, glaube ich, nicht unbedingt zu unserem Wohl, denn so wie der Prototyp des Autos Tausende Varianten, genannt Marken, hervorgebracht hat, so würde auch der Prototyp der Intelligenz sich in eine Vielzahl voneinander unterschiedlicher Geistesarten vermehren müssen, die uns nicht nur unter die eigene Kuratel nehmen, sondern auch auf Entwicklungswege lenken könnten, die uns keineswegs behagen würden.

Zu diesen Bemerkungen regt mich an die Wahrnehmung einer Diskrepanz zwischen dem Idealismus eines Konstrukteurs, der mich in den sechziger Jahren leitete, als ich die *Summa technologiae* verfaßte und Projekte in Ansätzen formulierte, einerseits, und der Realität, die angefangen hat, diese Projekte umzusetzen, andererseits. Selbstverständlich mußte ich damals beim Schreiben auf eine schwer zu erklärende Art und Weise darauf achten, daß ich die Charybdis, also die Zensur des sozialistischen Systems, möglichst kollisionslos umschiffe. Was ich jedoch nicht ernsthaft beachtet habe, war die kapitalistische Skylla samt ihrer Gier, die bedingungslos dem Verlangen nach Profit gehorcht. Die heutigen Produzenten und Futorologen locken mit technokratischen und technophilen Kunststücken, zu allem bereit, um alle möglichen Arten der elektronischen und elektromagnetischen Kommunikation zusammenzufügen, deren Speicher auf die Umlaufbahn um die Erde zu bringen, um Bündel von Impulsen mit immer trivialeren Bildern und Fabeln loszuschicken – auf eine immer größere Zahl der von den Technovisionen abhängigen Völker. Sie tun es unter Anwendung freiwilliger Zwänge und zugleich unter Betörung der Massen (überwiegend einsamer Massen) mit Versprechungen einer lichten Zukunft, deren Zauber in direkter Proportion zu der Zahl der Transponder, Programme, Kabel und kosmischen Relaisstationen steht...

Alles das zusammen veranschaulicht mir den Nutzen, den die Menschen aus allen Erfindungen ziehen, womit sie auch ihren Beitrag zur Verbreitung und Universalisierung der allgemeinen Herrschaft des Konsumerismus leisten. Das meiste dessen, was ich hier geschrieben habe, könnte man übrigens verkürzt als die Kehrseite, das Unterfutter der Bilder bezeichnen, die ich mir Mitte des Jahrhunderts ausgedacht habe. In der Tat schrieb ich über die Imitologie, die Phantomatik, die Cerebromatik, doch habe ich im wesentlichen auch über deren Konsequenzen philosophischer Natur nachgedacht. Aus den so geträumten Visionen wecken mich aber immer wieder große Mengen schamloser Realisierungen, die von der weit verbreiteten Popularisierung der Projekte des menschlichen Irrwitzes giftstreuend hervorgebracht werden. In den Spalten einer wissenschaftlichen Zeitschrift meldet sich ein Neurochirurg zu Wort, der im Alter von zweiundsiebzig Jahren die Gewißheit ausbreitet, daß er in der Lage wäre, den Kopf eines Menschen, von einem Torso abgetrennt, einem anderen aufzupflanzen. Da plant man Bauten auf dem Mars, die man wohl am besten zuerst mit den Projektanten besiedeln sollte. Da wird die Beseitigung eines gewissen Gens aus dem Erbplasma der Fadenwürmer hypothetisch in die nahe Zukunft hinauskatapultiert, in der es dem Menschen ebenso wie dem präparierten Wurm möglich sein würde, sein Leben zu verdoppeln. Ich würde es daher für angezeigt halten, die publizierten wissenschaftlichen Zusicherungen, Versprechungen und Garantien in einer Anthologie zusammenzutragen, die unausweichlich und zwingend eine Enzyklopädie der Windbeutelei abgeben würde, ziemlich leicht verdaulich vor allem deswegen, weil alle Versprechungen, wie die vom definitiven Sieg über Krebs und Senilität zum Beispiel, ein Teil der Sammlung von Fehlanzeigen bilden, die wir stets schon in kleinen Portionen konsumiert haben. Die Enzyklopädie der Ignoranz, die unser Wissen vom Menschen und der Welt beherrscht, sollte ergänzt werden, doch die obengenannte könnte sich als Riechsalzgefäß erweisen, denn man versucht beharrlich uns einzutrichtern, daß alles möglich ist. Die Astrologie ist eine Sammlung des Unsinns, es gibt keine unbekannten Flugobjekte aus dem Weltall (UFO), keine Urastronauten, die die Ägypter unterrichtet hätten, wie man Pyramiden baut, doch, wie bekannt, *mundus vult decipi, ergo decipitur.* Eine Tafel mit diesem Spruch sollte ich mir über den Schreibtisch mit meiner Schreibmaschine hängen. Man sollte jedoch nicht in der Bodenlosigkeit des verblödenden Konsums versinken. Nicht nur die mit Ketchup begossenen Pommes oder der Pudding sollten unsere Gedanken beherrschen oder die wundersame Erfüllung unseres Verlangens garantieren. Ich beende dieses Kapitel, was aber nicht bedeutet, daß ich die Absicht habe, die Betrachtungen über die entlegenere Zukunft des vernunftbegabten Menschen, die als Fortsetzung des Gesagten noch folgen werden, in einer ebenso düsteren Tonart abzuschließen.

Riskante Konzepte

Es kommen Zeiten, in denen Physiker in der Biologie immer mehr zu sagen haben werden. Weder vermag ich noch bin ich daran interessiert, diese Invasion zu kommentieren. Ich kann nur sagen, daß ich dieses Eindringen nicht für ein Produkt des Zufalls halte. Einer der ersten Physiker, der dieses für sie jungfräuliche Gebiet betreten hat, war Erwin Schrödinger. Damals, 1943, bezeichnete er das Mark oder den Schaft – ich weiß es nicht mehr genau – einer lebenden Zelle als ein aperiodisches Kristall. Von Genen, nukleotiden Spiralen, von verschiedenen Replikasen, Restriktasen, Reparasen war damals noch nichts zu vernehmen. Zweiundvierzig Jahre nach Schrödinger hielt der für originelle Ansichten bekannte Freeman Dyson einen Vortrag, dessen verbesserte Version in dem Büchlein *Origins of Life* nachzulesen ist. In diesem zuletzt 1990 aufgelegten Buch versuchte Dyson eines der größten Rätsel der Biologie, nämlich das der Prozesse, die zur Entstehung des Lebens geführt haben, modellartig zu umschreiben, das heißt geistig zu durchleuchten. Der Konjekturen zur Entstehung des Lebens auf der Erde gab es viele. Im Mittelpunkt von Dysons Überlegungen stand die Frage, warum das Leben, beginnend mit den Eukaryonten, also der Welt der Bakterien, so kompliziert ist. Sein Buch, ein veritabler Turm von auf Hypothesen basierenden Hypothesen, schließt mit dem Aufruf an die Experimentatoren, sie mögen doch versuchen, dieses Gedankengebäude experimentell abzustützen. Der Text ist hervorragend und klar geschrieben, und wenn ich auch nicht die Absicht habe, ihn hier zusammenzufassen, so möchte ich doch seinen roten Faden aus ihm herausziehen. Dyson hat sich bemüht, so gut er nur konnte, die Unsicherheiten in seinem Text sehr ernst zu nehmen. Deshalb möchte ich mich gerade auf diesen Text berufen, auch wenn eine experimentelle Verifikation seiner Hauptthesen nach wie vor fehlt. Der Prozeß der Entstehung des Lebens dauerte sicherlich auch in der geologischen Skala sehr lang und wurde initiiert, wahrscheinlich noch bevor eine halbe Milliarde Jahre auf der bereits verkrusteten Erde vergangen waren, in einer Epoche, als die junge Sonne unseren Planeten zwar erwärmte, jedoch wesentlich schwächer strahlte als heute. Angesichts der Tatsache, daß für eine spontane Entstehung des Lebens nicht nur entsprechende thermodynamische Bedingungen, sondern auch solche, die eine Vielzahl chemischer Verbindungen und damit molekularer Zusammenstöße ermöglichten, notwendige Voraussetzungen waren, kam es gewiß zuerst zur Entstehung der Polymere aus den Monomeren, wobei aus den so entstandenen Polymeren sich dann solche aussonderten, die den Aminosäuren, den künftigen Bausteinen der plasmatischen Homöostase also, den Anfang gaben. Wir wissen nicht, ob es solcher multimolekularer Kollisionen zu Trillionen oder Quadrillionen gab, es mußten in jedem Fall sehr viele gewesen sein. Aus Dysons Argumentationsgang folgt, daß so Kondensate der Aminosäuren entstanden waren, aus denen Proteine hervorgegangen sind, was bedeuten würde, daß Protein die Basis der Biogenese bildet. Inzwischen sind die eigentümlichen, anomalen Formen des Eiweißes, die Prionen, bekannt, die den »Rinderwahnsinn« auslösen – eine fatale Folge der

Einwirkung von Prionen auf das gewöhnliche plasmatische Eiweiß –, und so ist es auch klar, daß eines der ältesten Dogmen der Biologie, das die Nichtübertragbarkeit biologischer Informationen ohne Beteiligung von Nukleinsäuren verkündete, gefallen ist. Die Seuche, die auch beim Menschen von Prionen ausgelöst wird, wird ohne jede Spur nukleotider Basen übertragen. Mittelbar verstärkt es Dysons Konjektur, der glaubte, daß das Eiweiß zuerst da war und selbst Urformen der Existenz, also Homöostasen, herzustellen vermochte, die uns allerdings, da bereits verschollen, nicht bekannt sind, und daß erst später, ohne daß wir wüßten, wie und wann, aus ihnen Nukleinderivate hervorgegangen sind. In anderen Worten, das Leben war ganz am Anfang eine sehr komplizierte, vielfältige und zugleich überaus eigentümliche Gemeinschaftsform von über zwanzig Aminosäuren, die das eukaryotische Stadium noch nicht erreicht haben. Wir wissen nicht, wie sich Nukleinbasen gezielt aus den Kondensaten der Aminosäure abzuspalten begannen, bis sie dann zwei Milliarden Jahre später eine Fertigkeit erreicht haben, daß aus ihnen Eiweißkomplexe steuernde nukleotide Spiralen entstanden, was übrigens vor etwa einer Milliarde Jahre geschah.

Indem wir heute an der Schwelle zu einer immer verwegeneren Gentechnologie stehen, neigen wir zu einer totalen Extrapolation, die das Schaffen xenohybrider Pflanzen- und Tiergattungen in Aussicht stellt und Kulturpflanzen mit Eigenschaften versieht, die sie im Naturzustand nicht besitzen (zum Beispiel die Resistenz gegen jede Art von Parasiten), wobei die in diese Richtung unternommenen Schritte, die auf den Vegetariermärkten für Speisepflanzen bereits ausufern, viele Kontroversen oder einfach Sorgen auslösen. Um so furchterregender ist natürlich das Gespenst der geklonten Tiere und schließlich auch Menschen, mit dem uns die »Klonophilen« beglücken wollen. Ich möchte diese Sphäre des Alles-Klonen-Wollens aus mehreren Gründen verlassen. Nur die Praxis wird erweisen können, ob und wie die den Pflanzen implantierten fremden Gene für den Menschen schädlich sein werden. Dies zum einen. Zum anderen wird die Decodierung und das Erkennen des menschlichen Genoms unweigerlich zur Entdeckung seines Wirkungspotentials und zur Feststellung führen, welche Gene oder welche ihrer Konfigurationen im menschlichen Genom die Informationen tragen, die bei einzelnen Individuen für Abweichungen von der Gattungsnorm verantwortlich sind, welche die sogenannten Erbkrankheiten verursachen, welche die statistisch relevante Lebensdauer bestimmen und welche schließlich letale Folgen haben. Wegen der sogenannten Pleiotropie der Gene, also der Fähigkeit eines und desselben Gens oder Gengruppen, für verschiedene und verschiedenartige Eigenschaften des Organismus verantwortlich zu sein, werden Diagnose und Therapie so verwickelt, daß wir heute nicht in der Lage sind, uns einen einigermaßen klaren Weg vorzustellen, wie die menschlichen Genome von all den Genen befreit werden könnten, deren phänotypische Expression negative Auswirkungen auf das leibliche und psychische Leben eines Individuums hat.

Zurück beim Buch von Dyson, muß man kurz und bündig feststellen, daß das Leben immer kompliziert ist; einfache biologische Formen gibt es einfach nicht. Zu den schlichtesten Pseudoorganismen zählt der bakterielle Phage, das heißt ein Parasit der Bakterien, der in den Augen der einen Forscher lebt, in den Augen anderer nur als Gift funktioniert, denn indem er in die Bakterienzelle eindringt und sich ihres Stoffwechsels bemächtigt, stellt er die Weiche so, daß die Bakterie weitere Generationen von Phagen produziert, selbst aber eingeht. Experimente weisen nach, daß seine Proteinhülle dem Phagen eine gewisse Souveränität verleiht. Man kann sie beseitigen und den Parasitenmechanismus vereinfachen, so daß in das Innere der Bakterie nur noch der »parasitäre Steuermann« – die Replikase – eindringt. Erfahrungsgemäß unterliegt die Replikase wiederum Mutationen und nimmt noch einfachere Formen an, die entweder weiter mutieren und somit existieren, oder schlichtweg zerfallen. Stets haben wir es aber im Fall des Wirts des Phagen – der Bakterie – mit einer großen Zahl gleichlaufender Stoffwechselprozesse zu tun, die zwar die verschiedensten Formen annehmen können, wodurch sie die Fähigkeit zur Mikrobenproliferation in verschiedenen Arten aufweisen, doch lassen sich die Lebensprozesse nicht mehr auf Funktionen reduzieren, die einfacher wären als die bakteriellen.

Wir sollten uns nun den Weg vergegenwärtigen, der von den Prokaryonten zu den Eukaryonten und weiter zu den Mehrzellern führt, die infolge von Mutationen, also differenzierenden Radiationen, überaus reiche Verzweigungen aufweisen. Auf Diagrammen, die solche Verzweigungen veranschaulichen, stellen alle Säuger einschließlich des Menschen nur einen der tausendfach möglichen Abzweigungen dar. Erst wenn wir diese Abdeckung des ganzen Lebensraums auf der Erde mit Nukleinsäuren und Aminosäuren berücksichtigen, können wir gleich zwei Fragen besser verstehen. Zum einen die Tatsache, daß das Leben eine von Anfang an komplizierte und auf Komplikationen fußende Architektur aufweist, zum anderen die Erkenntnis, daß man sich bei dem Menschen, der sich auf den Weg der Autoevolution begibt, keine unausdenkbaren, grenzenlosen Multiplikationen menschlicher Eigenschaften vorstellen sollte. Die durchschnittliche Lebenserwartung läßt sich verlängern. Abweichungen von der durchschnittlichen Gesundheitsnorm können minimiert werden. Und obgleich das eine wie das andere zweifellos erwünscht ist, muß die Zahl sinnvoller autoevolutiver Varianten stark begrenzt bleiben. Sicherlich könnte man unsere Hände zur Sechsfingrigkeit bringen oder unser Herz mit einem Hilfsherz doubeln, doch ist der Katalog dieser physioanatomischen Abarten, als Produkten autoevolutiver Praxis, begrenzt. Die Träume davon, daß der Mensch einmal Methusalems Alter wird erreichen können, müssen Utopien bleiben. Die lebensnotwendige Sauerstoffaufnahme, der Sauerstofftransport zu allen Geweben, die an der Erdgravitation ausgerichtete Belastbarkeit der Skelette sowie eine Zahl weiterer Determinanten können nie außer Kraft gesetzt werden.

Das Leben ist eine Anhäufung von Komplexitäten, zunehmend komplex nicht nur bei den Mehrzellern, auch bei den Symbionten und sozialen Insekten, doch hat auch diese Anhäufung stets ihre Grenzen. Die Paläontologie, die die Reste der größten, ein Gewicht von hundert Tonnen erreichenden fossilen Reptilien zutage gefördert hat, zeigte damit auch die somatischen Grenzen dessen, was diese Erde zuläßt. Ich denke nicht daran, mich in die immer noch geführte Kontroverse einzumischen, ob diese Reptilien

Warmblüter waren. Theoretisch wäre es möglich, die Evolution mit irdischen Methoden noch einmal zu initiieren und zu wiederholen, doch sehe ich keinen Sinn darin und keine Notwendigkeit dazu, um so mehr, als uns die wenigen Milliarden Jahre, die bis zum Abbrennen der Wasserstoffreste in unserem Mutterstern, der Sonne, übrigbleiben, für eine solche Repetition nicht ausreichen würden. Den möglichen Nutzen, den die Zukunft der Klontechnologie in sich birgt, möchte ich gar nicht in Abrede stellen. Sehr wahrscheinlich werden die wichtigsten Chancen bereits im 21. Jahrhundert genutzt. Ich möchte mich auf der Suche nach einer Antwort der Frage zuwenden: Was kommt danach?

Eine andere Evolution

Der Begriff der Evolution kann mit seinem semantischen Umfeld radikal voneinander abweichende Erscheinungen umfassen. Als ich beispielsweise in dem Buch *Summa technologiae* von zwei verschiedenen Arten der Evolution schrieb, hatte ich sowohl die biologische wie auch die technologische Evolution im Sinn. Die erste Art ist kontinuierlich, gemäß der Maxime des 19. Jahrhunderts *omne vivum ex vivo*. Nachdem es einmal aus einer uns unbekannten Zahl von Versuchen entstanden war, konstituierte sich das Leben so, daß es in einer millionenfachen Vielfalt von Gattungen verläuft, wobei viele von ihnen untergehen, andere aber doch ihre Existenz in den Nachkommen fortsetzen, auch wenn diese Nachkommen sich wie Dinosaurier und Spatzen voneinander unterscheiden können. Die Vielfalt der lebenden Formen widerspricht also nicht der These, daß die biologische Evolution einen sich in verschiedenen Abweichungen wiederholenden, kontinuierlichen Prozess darstellt, der nach unserem besten Wissen seit drei Milliarden und siebenhundert Millionen Jahren auf der Erde verläuft. Die andere Evolution dagegen, mit der ich mich im genannten Buch befaßt habe, die die Mehrzahl unserer, also vom Menschen projektierten technischen Schöpfungen umfaßt, ist natürlich digital, was bedeutet, daß in der Regel auf mißlungene und oft auch primitive Prototypen eines Luftballons, Flugzeugs, Autos, Schienenfahrzeugs dank des Einfallsreichtums und der Kumulation des technologischen Wissens weitere folgen, wobei ältere Produkte selbstverständlich nicht von sich aus neue gebären. Wir sind die Ideenproduzenten und Konstrukteure. Davon ausgehend, daß dank der Milliarden Jahre dauernden Kontinuität der Prozesse der natürlichen Selektion die Evolution der Lebewesen auch, wenn natürlich nicht ausschließlich, ein Reservoir von Mustern für unsere technologischen Entwicklungen bieten kann, weswegen ich das ganze Programm unter der Losung »die biologische Evolution ein- und überholen« subsummiert habe. Indes ähneln viele Produkte der menschlichen Technik tatsächlich, wenn nicht in der Bauweise und in der Erscheinung, so doch in der Funktion den biologischen Urbildern. Ein Flugzeug oder ein Hubschrauber sind keine Plagiate der Bauweise eines Vogels, sie ähneln aber diesem in ihrer Fähigkeit zu fliegen. Eine gewisse einseitige Ähnlichkeit bekamen in der zweiten Hälfte des 20. Jahrhunderts auch die Rechenmaschinen, denen unser Gehirn ein wenig als Vorlage diente. (An dieser Stelle möchte ich mich gar nicht erst auf den seit einem halben Jahrhundert geführten Streit zwischen Befürwortern der künstlichen Intelligenz und denjenigen, die die technischen Methoden zur Herstellung von Intelligenz für unbrauchbar halten, einlassen.)

Weitere Beweise für die Existenz der beiden genannten Evolutionen, der kontinuierlichen und der digitalen, ließen sich vermehren. Dieses Kapitel möchte ich jedoch einer dritten Evolution widmen, der transbiologischen nämlich, über die ich 1980 für die Polnische Akademie der Wissenschaften ein Referat verfaßt habe, das aber in dem enormen Aufbruch der Solidarność im Kampf gegen das dem sowjetischen entstammende Regime untergegangen ist. In gewissem Maß werde ich das wiederholen müssen, was ich damals formuliert habe, und es ermutigt mich dazu die Häufigkeit, mit der Erfinder oder Anhänger recht radikaler neuer Ideen diese der Welt verkünden. Als Beispiel könnte ich eine Reihe von Büchern von Roger Penrose anführen, der, wie andere vor ihm, die Lösung des philosophischen Rätsels unseres Bewußtseins dort zu lokalisieren versucht, wo sie noch niemand bisher gesucht hat: in den Mikroröhrchen (*tubuli*), die sich in den sogenannten Zytoskeletten der Hirnzellen befinden.

Penrose ist, wie ich schon gesagt habe, ein hervorragender Mathematiker, dem wir einen bedeutenden Beitrag zur theoretischen Physik, insbesondere aber zur Quantenphysik, zu verdanken haben, wobei er nicht nur von der grundsätzlich mathematischen Struktur des Weltalls in seinen kleinsten und größten Maßen überzeugt ist, er ist auch *explicite* ein Platoniker. Seiner Auffassung nach erfindet der Mensch keine das mathematische Universum konstituierenden Strukturen, er entdeckt lediglich die bereits existierenden. Die Philosophie der Mathematik teilt sich in mehrere Interpretationen (Verfahren), unter denen mathematische Strukturen existieren können, während ich beispielsweise ein Konstruktivist bin, also ein Mensch, der meint, daß wir nichts in irgendeinem platonischen Sein Verborgenes finden können, vielmehr lediglich das konstruieren, was sich mathematisch konstruieren läßt. Ich nehme an, daß meine Haltung in hohem Maße von Kontakten mit großen russischen Mathematikern geformt wurde, unter denen die konstruktivistische Herangehensweise zu den eher typischen gehörte. Ich bin aber in der Mathematik nicht ausreichend versiert, um meinem oben geäußerten mathematischen Glaubensbekenntnis apodiktisch einen besonderen Wahrheitsgehalt zuschreiben zu wollen. Mein Zugang ist eher – ich traue mich, dies zu sagen – der eines gesunden Menschenverstandes. Wenn alles, was die Mathematiker zu schaffen vermögen, ihnen, als Platonikern, vorgegeben ist, dann sehe ich keinen klaren Grund dafür, daß überhaupt alles, was der Mensch geschaffen hat, vielleicht auch alles, was er ist und was die Natur schafft, nicht ebenso vorgegeben sein sollte, so wie die Bilder auf den noch nicht entwickelten Filmrollen. Dies würde, zumindest nach meinem Verständnis, eine seltsame Präfiguration von allem bedeuten. Nicht im geringsten möchte ich mich jedoch, als Unbefugter und – in Ermangelung mathematischer Begabung Chancenloser – in die Kontroversen der Philosophie der Mathematik mit dem Platonismus einmischen. Es ist ein gesondertes Sachgebiet, das sehr unterschiedlichen Interpretationen und Auslegungen unterliegt. Es scheint, daß niemand je mathematisch, oder auch nichtmathematisch, etwas neu beweisen kann, weil alle diese Wege bereits existieren und wir nur besser oder schlechter in der Lage sind, sie zu finden. Ich gebe zu, daß mir diese Haltung deswegen besonders seltsam vorkommt, weil die Entwicklung der Mathematik, wie man weiß, ihre eigene Hunderte Jahre lange Geschichte hat, woraus zu schließen wäre, daß alle Phasen und Etappen des Fortschritts der mathematischen Forschungen programmiert waren und so, bildlich gesprochen, eher dem Besteigen immer höherer Stockwerke in einem platonischen Turm zu Babel ähnelten. Ich glaube aber, daß eine derart naive und eilfertige Kritik der Welt vorenthalten werden sollte, zumal es mir hier nicht um sie geht.

Die geschichtliche Kontinuität der Lebensprozesse

rührt unweigerlich daher, daß die Biogenese eine seltene, außergewöhnliche Erscheinung darstellt, die des Zusammentreffens einer Reihe von günstigen Umständen bedurfte. Anders können wir uns die Tatsache nicht erklären, daß es bislang nocht nie gelungen ist, Lebensprozesse mit ihrem selbsterhaltenden Lauf experimentell in Bewegung zu bringen. Die ganze Geschichte des irdischen Lebens muß also ausschließlich die Folge dessen sein, was vor fast vier Milliarden Jahren entstand und biochemischen Verbesserungen ausgesetzt war. Die Variabilität, die in allen Verästelungen von Linnés Natursystem zu sehen ist, war von diesen und nur diesen Möglichkeiten abhängig, die über den Genkanal vererbt werden konnten. Man kann schon in Staunen verfallen über die Vielfalt der Formen, Prozesse, Lebensweisen und Umweltformen, die in Millionen von Jahren aus den durch diesen einen Kanal übermittelten Informationen, Entwürfen und Plänen hervorgegangen ist. Obgleich uns eine anthropomorphe Ausdrucksweise in diesem Kontext verboten sein sollte, so müssen wir doch die Bewunderung über die Mannigfaltigkeit der Produkte spüren, die vom Prozeß eines Informationsflußes geschaffen wurden, woraus Organismen hervorgegangen sind, die zur unmittelbaren Umwandlung der Sonnenenergie in lebenerhaltende Prozesse (Photosynthese) befähigt sind, aber auch der Zahnschmelz, dessen Härte nur dem Diamanten unterlegen ist. Obgleich wir gegenwärtig wissen, daß neben den zwei großen Zweigen der Artenvielfalt, den Pflanzen und Tieren, ein dritter Zweig erst kürzlich entdeckter anaeroben Bakterien vom Typ *archeae* erwachsen ist, so nehmen wir doch wahr, daß das Leben in Temperaturen nicht existieren kann, die deutlich niedriger sind als null Grad Celsius oder höher als der Siedebereich des Wassers. Die Kräfte, die wir isolierten Natursubstanzen mit technischen Mitteln entlocken konnten, so in Verbrennungsprozessen, bei der Nuklidenspaltung oder thermonuklearen Synthese, überschreiten in der Tat Hunderttausende Male die Skala der Temperaturen, die dem Leben zugänglich sind. Das ist die eine Frage. Die andere Frage wollen wir auf folgende Weise umschreiben: Wenn irgendwelche, uns nicht näher bekannten Zusammenfügungen und Verknotungen von Umständen in den Flüssigkeiten eingetreten sind – die flüssige Phase stellte für die Biogenese ein vielseitiges Experimentierfeld dar – und wenn das, was damals daraus entstand, das einzige Samenkörnchen war, aus dem der millionenreiche Gattungsbaum erwachsen ist, dann können wir uns vorstellen, daß die Streuung der Früchte unvergleichlich größer als in Linnés weitverzweigtem Natursystem sein würde, wenn es uns gelänge, eine synthetische Evolution außerhalb des Eiweißes und der Nukleotide zu konstruieren und in Bewegung zu setzen. Man kann es auch synthetischer sagen: Die Sammlung der Ableitungen aus einem einzigartigen Ereignis, wie es die Entstehung der Prokaryonten war, die sich nach Äonen in Eukaryonten umzuwandeln vermochten, wies eine geringere Durchsetzungsfähigkeit auf verglichen mit der Sammlung potentieller Früchte einer synthetischen Evolution, die im Unterschied zu der ersten Sammlung bereits keinen Beschränkungen mehr unterläge. Vorläufig vermag ich keinen physikochemischen Kandidaten zu sehen, dessen Derivate sich fähig erweisen würden, den hier nur erdachten dritten Weg der Evolution einzuleiten. Mit meinen Gedanken befinde ich mich in etwa in der Phase, in der Dädalus war, als er von seinen Flügeln träumte. Er war zumindest im Besitz von Wachs und Federn, während ich nichts außer Mendelejews periodischer Tabelle an der Hand habe. Nur die Vorstellungskraft erlaubt es mir, von einem dritten Weg der Evolution zu schwärmen, der nicht ein stochastisches Herumirren mutativ zusammengeschweißter Genome wäre, sondern unter der Kontrolle teleologischer Absichten verlaufen würde. Bis jetzt ist es natürlich ein unbegründetes Schwärmen, bar auch nur des Schattens einer möglichen praktischen Verwirklichung. Die zahllosen Überraschungen, mit denen die Geschichte unserer Zivilisation vollgestopft ist, warnen jedoch vor einem verfrühten Verwerfen von Vorschlägen und Einfällen, die zur eigenen Verteidigung nur die Tatsache anführen können, daß sie keine grundsätzlichen Spielregeln der Natur verletzen. Es scheint mir, daß die dritte Evolution sogar leichter in die Wege zu leiten wäre als die Initiation biochemischen Lebens im Labor.

Schwierigkeiten

Die apostrophierten Sorgen rühren daher, daß in den exakt genannten Wissenschaften alles sich in des Teufels Eile ändert. Kürzlich erschien in den Spalten der Fachzeitschriften eine neue Nachricht aus einer sehr weiten Vergangenheit, die besagt, daß am Ende des Kambriums eine präzedenzlose Erwärmung eingetreten sei, die die damals einsetzende Expansion lebender Gattungen in die verschiedensten Richtungen stark unterstützt habe. Wie allgemein bekannt, hat zwischen Kreide und Tertiär ein großer Meteor dort, wo sich heute das Yucatánbecken befindet, die Erde getroffen und eine den ganzen Planeten umfassende Katastrophe ausgelöst, die den Anfang des Endes der Dinosaurier bedeutete. Viel früher aber, im Perm, kam es zu einem Zoozid, der nicht so bekannt ist und so populär unter den Filmemachern wie der darauffolgende, weil es damals Giganten der Reptilienklasse auf unserem Planeten noch nicht gegeben hatte. Übrigens, unser Planet hat in der älteren Vergangenheit mehrere Katastrophen durchgestanden, und es gibt heute Anhänger der Theorie, daß die Achse der Erdrotation früher nicht wie heute die Neigung von 23 Grad zur Ekliptikebene aufwies, sondern in dieser Ekliptikebene waagerecht lag. Naturgemäß mußte die Veränderung der Neigung irgendwann im Proterozoikum noch eine Lücke in der bereits expandierenden ursprünglichen Biosphäre aufgerissen haben.

Nicht deswegen schreibe ich von diesen großen Schlägen, die der Erde sowohl vom Kosmos aus wie aus dem Inneren heraus widerfahren sind, um den

Leser zu verwirren. Es geht mir vielmehr um ein Doppelziel. Zum einen will ich zeigen, wie die Geschichte dieses Planeten von Anfang an voll katastrophaler Erschütterungen war (Zeuge des wohl schrecklichsten Schlags ist der Mond, der infolge des Zusammenstoßes der Erde mit einem anderen Himmelskörper entstand, möglicherweise mit dem, dessen Überreste heute den sogenannten Asteroidengürtel bilden). Zum anderen sind bereits sich immer verwegener abzeichnende Theorien zur Geschichte des Mars aufgekommen. Schon zählt man Faktoren auf, die den Planeten in einen wüsten, wasserlosen und beinahe luftleeren Globus umgewandelt haben sollen. Man sagt uns, daß der Mars, weil er kleiner ist als die Erde, den metallischen Kern verloren haben muß, dem die Erde ihr magnetisches Feld verdankt. Dank diesem Feld wird die Erde von der Magnetosphäre umgeben, die sie vor dem Sonnenwind schützt. Als das Innere des Mars abkühlte, verschwand praktisch seine Magnetosphäre, und zugleich verlor er einen großen Teil des die Wärme in der Atmosphäre bindenden Kohlendioxids, dessen Berührung mit den Mineralien an der Oberfläche dieses Planeten zur starken Karbonifikation führte. Sehr wahrscheinlich gab es auf dem Mars lange vor der Entstehung der Hominoiden einen Ozean, in den Flüsse mündeten. Heute blieben von den Flüssen nur noch die in den wüsten Boden eingravierten Betten übrig. Da wir aber jetzt wissen, daß die von unserem Archäozoikum herstammenden Prokaryonten gegen kosmische und seismische Schläge höchst widerständige irdische Lebewesen sind, leiten wir daraus unsere Hoffnung ab, daß die Chancen auf die Entdeckung von irgendwelchen Lebensspuren auf dem Mars zunehmen, und entsprechend wächst der Appetit der Areologen, wie die Vertreter der »Wissenschaft vom Mars« genannt werden, die danach lechzen, dort einmal landen zu können. Natürlich gibt es nichts, worüber sich mit Bakterien auf der Erde oder auf dem Mars – sollte man sie denn dort einmal entdecken – reden ließe. Jedoch allein das Faktum der Entdeckung auch des primitivsten Lebens auf dem Mars würde auf die Xenobiologen einen riesigen Eindruck machen, die mit Hilfe von Astrophysikern seit Jahrzehnten vergeblich nach irgendeiner biologischen Erscheinung im Weltall Ausschau halten. Alles das sollte helfen, die Geschicke des irdischen Lebens in der richtigen Perspektive und im richtigen Maßstab zu sehen.

Veränderungen

Bislang pflegte man zu sagen, nichts verändere sich so sehr wie die Zukunft, gesehen durch das Kaleidoskop der Futurologie. Man wird hinzufügen dürfen, daß gegenwärtig auch die Vergangenheit Veränderungen unterliegt. Auf der Basis paläogeologischer und paläomagnetischer Forschungen kamen viele Gelehrte zu einer von der Tradition völlig abweichenden Darstellung der Geschichte unseres Planeten. Stark verkürzt besagt die neue Erdgeschichte, daß die Erde, als das Leben vor 3,7 Milliarden Jahren in den Ozeanen im Entstehen begriffen war, sich in eine schneeeisige Kugel verwandelte, weil die arktische und die antarktische Kappe sich von beiden Polen aus über die Ozeane zogen und den Urozean mit einem Eispanzer beschlugen. Es gab damals noch keine zergliederten Kontinente, vielmehr nur einen großen Kontinent, Pangäa genannt (übrigens sind nicht alle Fachleute mit eben diesem Namen einverstanden). Für die allgemeine Vereisung gab es viele Gründe. Unter anderem den, daß die Sonne viel schwächer strahlte als heute, sie war, könnte man sagen, erst dabei, sich aufzuwärmen. Die Zusammensetzung der Atmosphäre wich außerdem von der heutigen so stark ab, daß nicht einmal eine Spur der klimatischen Erwärmung, die als Treibhauseffekt bekannt ist, eintreten konnte, weil weder Kohlendioxid noch Methan in ihr vorhanden war. Es gab also keine Gase, die die von der Sonne herkommende Wärme gebunden hätten. Sehr frostig soll deshalb die zwei- oder zweiundeinhalb Milliarden Jahre dauernde Epoche gewesen sein. Später aber, und zwar spät, im Kambrium nämlich, kam es in der Evolution zu einer Explosion der Gattungen, als das Eis vom Äquator aus nach dem Norden und zum Süden hin zu schmelzen begann, während die gesamte Geosphäre einer doppelten Erwärmung ausgesetzt war: von außen durch die sich aufwärmende Sonne, von innen durch die vulkanische Tätigkeit fördernden seismischen Störungen. Die Rede ist von Prozessen, die natürlich nicht Hunderttausende, sondern Millionen von Jahren gedauert haben, und eine der Ableitungen dieser prägeologischen Hypothese veranschaulicht heute Europa, ein Mond des Jupiters, der ebenfalls, wie einst die Erde, von einem endlos platzenden Eispanzer bedeckt ist. Die zahllosen Brüche im Eis, die man auf den Fotos der Galileo-Sonde sehen kann, sind allerdings nicht auf dieselbe Ursache wie seinerzeit auf der Erde zurückzuführen: das Zerbröckeln der Eisdecke wird nämlich im hohen Maße von Gezeiten der Gravitation verursacht, die durch den größten Planeten unseres Systems, den Jupiter, ausgelöst werden. Von hier rühren auch die jüngst geäußerten Hoffnungen, daß sich unter der aufgespaltenen Eiskruste Europas die einfachsten Formen des Lebens verbergen könnten.

Kehren wir jedoch zur Erde des Kambriums zurück. Es mutet überaus merkwürdig an, daß, laut den neuesten Hypothesen, zu den ersten Lebewesen einzellige Systeme gehört haben sollen, die zur Photosynthese befähigt waren, also zu solchen Veränderungen, deren das Leben energetisch zur Aufrechterhaltung der protoplasmatischen Aktivität durch unmittelbare Transformation von Quanten der Strahlungsenergie bedarf. Etwas Ähnliches sagte seinerzeit mein Golem XIV., ich möchte aber nicht aufgrund meiner Autorschaft seine Unfehlbarkeit behaupten. In jedem Fall kroch das Leben, bereits mehrzellig, aber doch noch in den Ozeanen, auch in deren Tiefen vegetierend, im Kambrium endgültig auf das Land. Erst später kamen möglicherweise aus den Algen und Blaualgen Pflanzen hevor, zuerst Nacktsamige, später Bedecktsamige, schließlich Waldbestände, doch ohne in die Paläobotanik eingeweiht zu sein, vermag ich die heute aufkommenden Konzeptionen von Epochen der Pflanzengenese nicht einmal diachron und taxonomisch zu benennen.

Vom Kambrium und der explosionsartigen Vermehrung der Gattungen trennen uns etwa fünhundert Millionen Jahre. Die oben verkürzt geschilderten neuesten Hypothesen über die Vergangenheit der Erde scheinen mit der traditionellen geologischen Klassifikation in Konflikt zu geraten. Wir wissen aber, daß es noch im Paläozoikum zum Zoozid gekommen ist, in dem etwa 90% der lebenden Masse der Biosphäre umkam. Das Zoozid, in dem Dinosaurier und alle anderen Tiere, deren Gewicht mehr als zwanzig Kilogramm betrug, umkamen, war eine im Vergleich zu der permschen wesentlich bescheidenere Hekatombe. Zu diesem Zeitpunkt zerfiel bereits der Präkontinent, aus dessen Teilen zwei große Blöcke auf unterirdischen Platten und vom Atlantik getrennt entstanden. Der kleinste Kontinent, Australien, trennte sich von Eurasien am spätesten. Infolgedessen blieben die dort entstandenen Säuger Beuteltiere. Dagegen hielten sich in Eurasien und in beiden Amerikas die Säuger als Plazentatiere. Aber die weitere Geschichte der Erde – für uns hier wichtig insofern, als aus den Säugetieren sich der Ast der Hominoiden, dann wieder der Hominiden abzweige, mit uns Menschen als dem Endprodukt nach komplizierten Veränderungen, die beispielsweise die Reste eines Australopithecus hinterließen, dann bereits monophyletisch in Südafrika verliefen bis hin eben zum vernunftbegabten Menschen – ist bereits recht gut geklärt. Geklärt ist sie jedoch nur insofern, als wir infolge von zahlreichen Forschungen (zum Beispiel zur Zusammensetzung der Isotope in paläontologischen Knochenresten) ungefähr wissen, welche Gattungen zu den früheren und welche zu den späteren gehören. Wir wissen aber nicht, warum die Gehirnmasse der einzelnen Untergattungen des Menschen schrittweise zunahm, wir wissen nicht, warum die Schädelkapazität des Neandertalers im Vergleich zum heutigen Durchschnitt größer war, und wir wissen es vor allem deswegen nicht, weil die Experten an der richtigen Anschauung festhalten, daß die natürliche Evolution kein teleologischer, auf ein bewußtes Ziel (das beispielsweise in uns Menschen verkörpert wäre) zustrebender Prozeß ist. Und so sind es vor allem die an mineralen Fossilien – den Folgen des Wechsels geomagnetischer Pole – abgelesenen Spuren, die gegenwärtig den Weg bei der Rekonstruktion vergangener Epochen weisen. In der Tat, die bereits wissenschaftlich geweihten geologischen und biosphärischen Grundpositionen unterliegen heute einer ungewöhnlichen Revolution. Wir wissen, daß der *homo neandertalensis sapiens* jahrtausendelang mit dem *homo sapiens sapiens,* also mit uns koexisitierte, doch die Kontroverse darüber, wie ihre Beziehung zueinander war, bleibt ungelöst. Nachgewiesen ist, daß der Urmensch Kannibale war, der mit Feuersteinen die Knochen der Stammverwandten spaltete, um sich auch von dem Mark zu ernähren, was uns – mit der Kenntnis der gegenwärtigen Welt gesättigt – allerdings nicht besonders erschüttert.

Der vernunftbegabte Mensch, als das Finale des biosphärischen Ringens, kann genauer untersucht werden als die Lebewesen von vor hundert Millionen oder vor Milliarden von Jahren. Die Vorstellung von der Erde als einer die Ozeane einschließenden Eiskugel stellt eine wesentliche Innovation dar, womit sie zum Gegenstand heftiger Kontroversen und Diskussionen von Experten wurde, zu denen ich nicht gehöre. Fest steht, ganz allgemein gesprochen, die Geschichte des Menschen läßt sich mit dem Sekundenzeiger abmessen, im Gegensatz zur Geschichte der biosphärischen Veränderungen. Die Vergangenheit ändert sich in der Tat vor unseren Augen, dementsprechend sind die der Wissenschaft entspringenden Veranschaulichungen der Vergangenheit nicht minder vernebelt und schwer zu erkennen als die Bilder, mit denen uns die Zukunftsvoraussagen beschenken.

Tertio millennio adveniente

In völliger Abgeschiedenheit von der Welt der Informationen schrieb ich *Summa technologiae*. Ich möchte sowohl dieses als auch früher erschienene Bücher, beispielsweise *Dialoge,* an die Meßlatte aktueller, von wissenschaftlichen Autoritäten solide unterstützter Prognosen legen, die unter anderem in der Dezembernummer der Monatsschrift *Scientific American* 1999 veröffentlicht wurden. John Maddock behauptet, daß die wichtigsten Entdeckungen des vor uns liegenden halben Jahrhunderts so erstaunlich sein werden, daß wir sie uns nicht einmal vorstellen können. Steven Weinberg dagegen bringt nur die schwache Hoffnung zum Ausdruck, daß die Physik der Elementarteilchen einen wichtigen Schritt nach vorne machen wird, zugleich glaubt er aber, daß uns für die ordentliche Erschaffung einer vollständigen großen Theorie schlicht die energetischen Kräfte fehlen werden, da mindestens 10^{16} Erg benötigt würden (selbst ein System von der Größe der Sonnenumlaufbahn der Erde würde nicht ausreichen, um soviel Energie zu erzeugen). Die Entzifferung des Lebenscodes sollte die Lösung des Rätsels um die Entstehung des Lebens ermöglichen und uns damit in die Welt zuerst der virtuellen, dann auch der reellen Autoevolution lebender Wesen, mit dem Menschen an der Spitze, einführen. Vier weiteren Problemen will ich einige Worte widmen. Ich habe sie vor einem halben Jahrhundert nicht wirklich vorausgeahnt.

Die technozivilisatorische Aktivität des Menschen übt auf das Klima des Planeten einen immer stärkeren, sogar immer bedrohlicheren Einfluß aus. Ich sprach davon auf einer sowjetisch-amerikanischen Konferenz, sagte aber nur soviel: von uns unabhängige Parameter wandeln wir unbewußt in Parameter um, die von unserem globalen Handeln abhängig sind. Ich wußte dafür aber keine Lösung, weder damals, noch weiß ich sie heute. Das Problem liegt darin, daß der Rettung des ins Schwanken geratenden Klimas viele und widersprüchliche Interessen vieler Staaten im Wege stehen.

Das nächste Problem, mit dem ich mich nicht befaßt habe, war das der Verlängerung des menschlichen Lebens, die das Altern stark hinauszögern würde. Ein Elixier der ewigen Jugend wird es nicht geben. Unser Altern wie unsere Sterblichkeit sind tief verwurzelt in den fundamentalen chemischen Prozessen der Tierphysiologie. Manche Pflanzen werden mehrere hundert Jahre alt, wie beispielsweise der Mammutbaum, weil die Stabilität der Lebenszyklen in hohem Maß von der Dauer und damit auch von dem Beenden der Fortpflanzungszeit abhängt. Eine ganze Batterie organischer Verbindungen, die die Homöostase des Lebens aufrechterhalten, beginnt zu bröckeln und zu zerfallen nach der Beendigung der Fertilität, weil die natürliche Auslese in der Evolution so funktioniert. Dies bedeutet, daß die elementarsten und allgemeinsten biochemischen Reaktionen eines Organismus zu dessen Verjüngung auf vielen Ebenen umgepolt werden müßten.

Eine weitere Frage haben die Amerikaner aufgeworfen, nämlich nach der Art und Weise, wie das Gehirn Bewußtsein erzeugt. Nicht einmal verschwommen sind am Horizont irgendwelche Chancen zu sehen, diese Frage zu beantworten. Wir sehen dagegen eine immer größere Zahl geschickt konstruierter Programme (*software*), die verschiedene Erscheinungsformen des Bewußtseins imitieren.

Diese verkürzten Hinweise blieben unvollständig, würde ich zu der jüngst in einer amerikanischen Monatsschrift erschienenen Arbeit nicht Stellung beziehen, die in einer ohnehin mit Zukunftsprognosen gefüllten Nummer sich mit der Entstehung von Robotern befaßt, die dem Besitz der Vernunft immer näher kommen. Der Autor, der den baldigen Erfolg in dieser Entwicklung ankündigt, heißt Hans Moravec. Beachtenswert ist, daß solche Versprechen seit der ersten Generation der Kybernetiker in den fünfziger Jahren gemacht werden. Je genauer wir die Bauweise unseres Gehirns erforschen, die von den Anatomen mit den merkwürdigsten Namen, wie »Sylvius Aqädukt«, geschmückt wird, um so genauer sehen wir die tatsächliche, nämlich ungeheure Schwierigkeit, den Verstand zu konstruieren. Dagegen glaube ich, daß sich Surrogate oder einfach Imitationen der authentischen Vernunft mehren werden. Es ist durchaus möglich, sich elektronische Programme vorzustellen, die vernünftige Verhaltensformen imitieren, obgleich dies nur ein Schein bleiben wird.

An der Schwelle des dritten Jahrtausends zeichnen sich in vielen Bereichen des menschlichen Tuns Weggabelungen ab. In den exakten Wissenschaften, deren Exaktheit in der letzten Zeit durch die vielen riskanten und kontroversen Konjekturen unterspült wird, wissen wir nicht so recht, auf welchen Sektor der wirren konzeptuellen Baustelle wir uns vor allem konzentrieren sollten. Die frühen sechziger Jahre, als ich mich in Heimarbeit mit dem Vorhersagen befaßt habe, bis es mir gelang, die *Summa technologiae* zur

Welt zu bringen, waren für mich eine Periode der Unfreiheit mit für die Prognostik paradoxerweise günstigen Auswirkungen. Indem ich hinter dem Eisernen Vorhang unseligen Gedenkens lebte und arbeitete und dadurch zur wissenschaftlichen und philosophischen Literatur – die damals noch nicht von der massenhaften Hypothesenvermehrung befallen war – keinen Zugang hatte, konnte ich mich mit recht allgemeinen Wegweisern begnügen, die auf den Strom künftiger Veränderungen in den folgenden Bereichen zeigten: Biotechnologie, Phantomatik, Imitologie, Pantokreatik. Die rein intentionale Vollkommenheit dieser Sphären, die ich nur zu benennen brauchte, ohne ihre Verzweigungen detailgetreu wiederzugeben, darüber hinaus meine damalige gedankliche Einsamkeit haben mir doch eher geholfen, da die Mauern oder vielmehr Dämme des politischen Systems mich vor allen innovativen Wellenschlägen schützten. Selbstverständlich war es leichter, unbekümmert die Differenzierung der Entwicklungen in der Technobiologie tatsächlich zu erfinden, als sie vorauszuahnen, denn wenn ich auch zum Plagiieren und sogar zum Überholen der von der Natur produzierten Erscheinungen – nicht nur der evolutiven – aufgerufen hatte, konnte ich doch nicht die biotechnischen Äste feiner verzweigen oder ihnen immer weitere Differenzierungen abtrotzen, um die Verbreitung der damals noch nicht einmal im Ansatz existierenden Disziplinen wie Gentechnologie, Genomik, Xenologie darzustellen und zugleich noch zur technischen Invasion in die Tiefe des menschlichen Körpers überzugehen. Es gab doch damals noch gar keinen Begriff wie Molekulararchitektonik, die in die Dienste der digitalen (Computer-) Technik, der medizinischen Therapie und der Neurochirurgie (die in den Körper des Menschen, ohne ihn brutal aufzuschneiden, einzudringen vermag) eingespannt wird. Alles das, was sich heute unter diesen Begriffen verbirgt, existierte damals nicht, und wenn es mir durch ein Wunder gelungen wäre, auch nur einen Teil dieses Gewimmels zu prognostizieren, hätte nicht nur ein polnischer Philosoph meine Einfälle mit der wohlbekannten Bemerkung *difficile est satiram non scribere* quittiert, das heißt, man hätte mich nicht nur geringschätzig ignoriert, sondern auch ausgelacht.

Jeder, der heute versucht, das dritte Jahrtausend zu durchleuchten, befindet sich in einer unvergleichlich schwierigeren Situation als ich damals vor vierzig Jahren. Meine *Summa* schrieb ich unter dem Patronat der Zensur; daher war ich gezwungen, etwa vor militärischen Fragen haltzumachen. Gegenwärtig, nach kurzen Spasmen der Zufriedenheit des Westens, die durch den Zerfall des sowjetischen Imperiums ausgelöst wurden, haben Politiker, Politologen und Publizisten erkannt, daß die zwei gegeneinander gebauten Atomwaffenlager undicht sind und die Waffen in verschiedene Ecken der Welt gelangen können, weswegen ich befürchte, daß die Wahrscheinlichkeit des Einsatzes dieser Waffen mit der Zeit zunimmt. Nach dem Schaf namens Dolly trat ein Klonschock ein. Auf die noch nicht abgeschlossene Dekodierung des menschlichen Genoms, die jetzt schon kommerziell angefressen wird (durch die Patentierung von Fragmenten des Erbcodes!), folgte der ethisch-rechtliche Tsunami. Aphoristisch ließe sich dies in den Worten zusammenfassen: Die Erkenntnis der beinahe unbegrenzten Freiheit, auf die wir zustreben, ergreift uns mit Entsetzen.

Gewiß nicht alles, aber doch recht viel von dem, was passieren kann, ist unter dem Schleier der Groteske, Burleske und Humoreske in meinen belletristischen Texten – nicht in den ernsthaften wie *Kyberiade* – zu finden. Schrecklich ernste Kerne könnten aus meinen lustigen Nüssen herausgeschält werden. Ich habe mich sogar so weit vergaloppiert, daß ich das Fabulieren über Professor Donda mit der Beschreibung eines Weltallerschaffungsrezepts abgeschlossen habe. Das späte Schicksal meiner Konzeptionen, wie den Predigten Golems XIV., die in einem Hinterhof der phantastischen Literatur entstanden sind, kümmert mich wenig. Natürlich irrte ich sehr oft, weil ich versucht habe, die menschliche Natur mit gesunder Rationalität aufzubessern. Ich fürchtete mich vor einer sechs Milliarden zählenden Menschheit, denn nur auf der Insel von Robinson Crusoe bedeutet der Tod eines Menschen das Ende der Welt. Tatsache ist, daß sich die Zahl der Lebenden zu Gewicht und Würde einer individuellen Existenz umgekehrt proportional verhält. Das globale Dorf von McLuhan ist eine globale Mördergrube. Die Weltraumfahrt stellt eine weitere Herausforderung und Bedrohung unserer Gattung dar, denn organisch sind wir sehr erdgebunden. Dies wird die kosmische Expansion unserer Gattung nicht aufhalten, denn wir lieben das Risiko, auch in der Nähe der Selbstzerstörung. Sehr viele Errungenschaften, insbesondere wissenschaftliche, zeugen davon, daß die globalen Kosten der Bemühungen um das Leben mit der Zeit und gewiß auch unter Beschleunigung steigen werden, wodurch es zu einer bedingungslosen, aber auch rationalen Spaltung der Massen in eine Spitze, die ihr Leben rationalisieren und verlängern wird, und in einen riesigen Rest, der nach alter Weise vegetieren wird, kommen wird. Die demographische Explosion wird nicht allein mit natürlichen Mitteln der Geburtenkontrolle aufzuhalten sein. Sex verbrüdert mit Geld wird sich in hervorragender Imitation als Diesseitsparadies erweisen.

Technologien entstehen, reifen, altern und erlöschen. Die Imitologie, die Pantokreatik, der Glaube – denn das ist ein Glaube – an das beinahe ewige Leben der vernunftbegabten Computer, die nach uns die Erde beerben sollen, das alles wirkt auf viele Menschen tröstlich. Ich glaube an die diesseitige Allmacht des technologischen Lebensbaums, ich glaube aber nicht an die diesseitige Technologie der Erlösung.

Die Zukunft ist dunkel

Francis Fukuyama ist ein amerikanisierter Japaner von besonderer Sturheit: seine das Ende der Geschichte ankündigende Arbeit verteidigt er in immer weiteren Artikeln mit aller Kraft. Die Annahme, die seiner Ankündigung vom Ende der Geschichte zugrunde lag, bildete der Tod der kontinuierlichen und unausweichlichen Weltentwicklung. An den teleologisch verstandenen Weg nach oben, hin zum allgemeinen Fortschritt der Menschheit, glaubten außer Kommunisten, die am historischen Materialismus erkrankten, und den sie unterstützenden sogenannten nützlichen Idioten nur noch ungebildete und junge Menschen, weswegen die Sprüche vom historisch verlaufenden existentiellen Fortschritt unserer Welt mit nassem Schwamm von der Tafel gewischt werden sollten. In meinen Büchern, insbesondere in den diskursiven, aber nicht nur in diesen, befaßte ich mich mit dem Fortschritt des Wissens und des technogenen Leistungsvermögens, in den nicht assertorischen Arbeiten der phantastischen Belletristik dagegen liquidierte ich alle Einfälle über die Beglückung der Menschheit in der Regel mit Hilfe von Gedankenexperimenten. Aus der Perspektive des gerade zur Neige gegangenen 20. Jahrhunderts sind wir gezwungen zuzugeben, daß die Menschheit nie in einem stabilen Zustand verweilen wird. Wir nähern uns dem Ende des Atomwahns und gehen zum Kommunikationswahn über. Die Menschheit geht gerne widersinnigen Beschäftigungen nach, ihre Lust auf verschiedene Grausamkeiten nimmt zu, und sie bedient sich gerne und immer geschickter der Technologie, um dort einzubrechen, wohin sie niemand gebeten hat. Aus einer endlosen Zahl von Biographien großer Gelehrter erfuhr ich, daß sie als Zugpferde der Zivilisation benutzt wurden; oft schlecht bezahlt, unterwarfen sie sich eher bereitwillig den führenden Politikern ihrer Zeit, teils aus Ehrgeiz, teils von den Möglichkeiten gelockt, ihre überdurchschnittlichen Fähigkeiten einzusetzen, die, kaum daß sie Erfüllung fanden, dank der Konfliktarbeit mächtiger Entscheidungsträger zu Baggern und zu anderen Massengräber vertiefenden Geräten degenerierten. Wenn sie der Welt Gutes gebracht haben, dann haben es Mächte, die sie nicht beherrschten, in der Regel in Böses umgewandelt. Im Alter von zwanzig oder vierzig Jahren war ich bei meiner Schriftstellerei vom pragmatischen Optimismus motiviert und angetrieben, der fälschlicherweise entweder für sinnloses Gerede oder für technokratisches Anspruchsdenken gehalten wurde. Gegenwärtig herrscht in der Biologie ein Trimphgefühl wegen der Dekodierung der Nukleotidsequenz eines der ersten Chromosome des menschlichen Genoms. Das entspricht in etwa dem Erkennen und Aufteilen der ersten Seite der Neunten Symphonie von Beethoven in einzelne Elemente (sprich Noten). Ähnlich wie diese Dekodierer können wir mit der so gewonnenen Masse von Daten nichts anfangen. Ich behaupte nicht, daß wir auf dem Weg zu der den Menschen optimierenden Autoevolution auf eine Betonmauer gestoßen wären. Wir sind nur auf eine Warnung gestoßen, daß dieses Unternehmen deswegen besonders schwierig sein wird, weil wir zum einen keine Experimente mit der Erbsubstanz des Menschen durchführen dürfen und weil zum anderen das

Kapital an Vorhaben, deren Wirkungen in außerordentlich weiter Ferne zu erwarten sind, die aber jetzt finanziert werden müssen, verständlicherweise nicht interessiert ist.

Aus den genannten Schriften über die Spitze der Gelehrten des 20. Jahrhunderts erfuhr ich, mit welcher Unverfrorenheit und Dreistigkeit sie von Politikern ausgenutzt wurden. Wohl fern liegt die Zeit, da die Anwärter auf die höchsten Ämter eines jeden Staates zuerst Tests unterzogen werden, um die vielseitig untauglichen Gemüter gnadenlos zu öffentlichem Arbeitseinsatz abzuordnen. Aus zensorisch auferlegter und auch für die Realität blinder Dummheit mied ich die gesellschaftlich-politische Problematik während der ganzen Dauer des sowjetischen Protektorats in Polen. In archaischen, vor Kraftlosigkeit erstarrten Korsetts sich desaktualisierender Verordnungen, Gesetze, Überzeugungen bewegen wir uns nicht wie eine fiktive Einheit, Menschheit genannt, fort, vielmehr wie einzelne Segmente einer Raupenkette. Die Zahl der Unbekannten, die zusammen eine Schleier vor den zukünftigen Wegen der Menschheit bilden, nimmt mit der Zeit zu. Freiheit bedeutet nicht eine Chance zur Befriedigung der gerechterweise empfundenen Bedürfnisse, weil die Bedürfnisse uns von anonymen Gruppen großer Investoren des Weltkapitals eingeredet und oktroyiert werden. Obgleich in kurzen Momenten demokratischer oder pseudodemokratischer Wahlen gilt: *vox populi est vox Dei*, so bewährt sich doch häufiger der Spruch *vulgus vult decipi – ergo decipiatur*. Die direkte Demokratie, ermöglicht durch die Elektronik, wäre ein größeres Unglück als die repräsentative, was vielleicht an der folgenden Dichotomie deutlicher wird. Grundsätzlich leiden die Menschen entweder an der kurzsichtigen oder an der weitsichtigen Dummheit. Ich bin mir der Bitternis dieser Einsicht bewußt, die mir Conrads Urteil über den Zustand der Welt verwandt zu sein scheint. Die Geschichte weist auch Perioden relativer Stabilität auf, häufig aber waren sie die Folge nicht von die Gesellschaft beglückenden Umständen, sondern von der Anpassung an das Prokrustesbett der herrschenden Bedingungen. Unsere Gattung beherrschte den Planeten so schnell und in der geologischen Skala so ungestüm, daß sie das biosphärische und klimatische Gleichgewicht bereits jetzt gefährdet.

Logorhea

Nachdem ich von einer Konferenz im polnischen Podlasie zum Thema »Künstliche Intelligenz« anderthalb Kilogramm Texte bekommen hatte, die mir zu dem Wissen verhalfen, daß diese Intelligenz zum Trocknen von Gemüse, insbesondere aber von Zwiebeln eingesetzt werden kann, kam ich zu der unumstößlichen Überzeugung, daß vor der – auch kognitivistisch – um sich greifenden Informationsflut keine Flucht möglich ist. Aus außerhalb Polens erscheinenden, den Naturwissenschaften gewidmeten Zeitschriften erfuhr ich, daß eigentlich alles möglich ist, vielleicht sogar deutlich mehr. Möglicherweise wurde das Weltall durch den Big Bang geschaffen, vielleicht auch nicht. Vielleicht läuft die Zeit in dem mit dunkler Materie gefüllten Teil des Kosmos in entgegengesetzter Richtung. Die zersplitterten Gläser fügen sich dort wieder zusammen, der Mensch, wenn er dorthin gelänge, würde sich in eine Zygote umwandeln, aus der er entstanden ist, diese wiederum würde sich, vielleicht, in ein Spermatozoon und ein Ei spalten. Eine große Auktion kam zustande, auf der der Meistbietende zum ausschließlichen und glücklichen Eigentümer der Marssonde werden konnte, die unweit des Pols dieses Planeten verlorenging; kleingedruckt blieb die Einschränkung, daß der frischgebackene Eigentümer sich das Objekt seiner Begierde auf dem Mars abholen muß. Da ich zu der Gattung der szientifischen Alldatenfresser gehöre, erfuhr ich auch, wie stark sich die Arktis erwärmt, was die Weißbären dazu zwingt, einen neuen Lebensraum zu suchen. Zwei der Gyroskopen des Hubble-Weltraum-Teleskops fielen aus, und so wird man sich auf seine Kreisumlaufbahn begeben müssen, um die Gyroskopen zu reparieren, da man dieses großartige astrognostische Gerät nicht mehr nach Belieben steuern kann. Die Atomkraftängste, bislang in Europa zu Hause, weisen Metastasen in Japan und den Vereinigten Staaten auf. George Soros, der einen Löwenanteil der Kultur in den postkommunistischen Staaten sponsert, will den Dollarregen nunmehr auch außerhalb Polens und Rußlands herabfallen lassen. Glücklicherweise kreisen nicht alle Teleskope um die Erde, deswegen entdeckte man kürzlich die jüngsten Spiralgalaxien, die aus der Sternenentfernung nur als winzig kleine Lichtpunkte am Firmament zu sehen sind. Wenn in einer dieser Galaxien ein von vernunftbegabten Wesen bewohnter und also mit einer Technosphäre ausgestatteter Planet entsteht, werden wir die von dort ausgesandten Signale in unserer Region der Milchstraße bereits in dreizehn Milliarden Jahren empfangen können. Dann nämlich, wenn wir, oder eher unsere Nachfahren, uns in Teilchen des brennenden Gases der Sonne umwandeln, die, zu einem roten Riesen aufgebläht, die heutige Umlaufbahn der Erde durchschneiden wird. Dazwischen werden irrsinnig intelligente Roboter erscheinen, denen elektronische Haustiere und Dinosaurier, aus Silicium, Kohlenstoffasern und Metall gebaut und mit Akkumulator angetrieben, vorausgehen werden. Von Fach- und Nichtfachzeitschriften Tausende Male totgesagte Geschwülste werden sich leider weiterhin in bester Verfassung befinden. Die Zahl der überflüssigen elektronischen Gadgets auf den Weltmärkten wird sich vervielfachen. Fernsehprogramme werden bald schon auf entsprechend vervollkommneten Tapeten ausgestrahlt werden. Nur wenige Menschen, die dem Dissoziationsknoten noch nicht erlegen sein werden, werden dreißig Fernsehprogramme gleichzeitig konsumieren, auf dem Drehstuhl sitzend und mit an die Stirn festgeklebten Oberlidern, denn wir werden dazu verpflichtet sein, alles, was diese Tapeten ausstrahlen, auch anzuschauen. Die Automobilprototypen der künftigen Menschen, das sei noch nebenbei bemerkt, werden einem überfahrenen Rollschinken ähneln, mit krankhaft herausstehenden Augen und einem aerodynamischen Schwanz. Horden von Entdeckern, Erfindern, Wissenschaftlern und synthetischen Kamelen mit nackten Mädchen zwischen den Höckern sowie Panzer, die Elefanten imitieren und Elefanten, die Panzer imitieren, werden sich jedem aufdrängen, der ihnen über den Weg läuft. Meinungsunterschiede zwischen Technobiologen, Physikern, Psychodiagnostikern und Hypnotiseuren werden in Duellen mit blanker, ja blinkender Waffe ausgetragen, nämlich mit diesen leuchtenden Stäben, die die einfallsreichen Drehbuchautoren der sechsundvierzigsten Folge von *Star Wars*, ich weiß nicht warum, Laser genannt haben. Armbanduhren werden mit einem Kuckuck von der Größe eines Marienkäfers ausgestattet, Pickelhauben der uniformierten Schutzmänner wiederum werden synthetisches Sperma mit Vanilleeisgeschmack spritzen. Es werden neue gesellschaftliche Bewegungen aufkommen, die eine Begradigung der Erdachse in der nördlichen Hemisphäre und die Umstellung der Erdachse in der südlichen Hemisphäre einfordern werden, damit das antarktische Binneneis endlich in den Weltozean abfließen möge, was zu unserem sicheren Tod führen wird, während auf der erwärmten Antarktis neues, besseres Leben mit dem sogenannten Australokapitalismus beginnen wird. Künstliche Frauen werden mit großer Mühe nach natürlichen Männern Ausschau halten, und umgekehrt. Mit Hilfe spezieller buttergraphischer Geräte wird man Toasts streichen können, deren Verzehr allen, mit Ausnahme von elektronischen Allesfressern, aus diätetischen Gründen verboten wird. Diese naiven und freimütigen Prognosen, eigentlich Prognöschen, werden aber bereits in der ersten Hälfte des kommenden Jahrhunderts ihre Gültigkeit verlieren, weil die allgemeine Phantomatisierung, durch Taschenphantomate von der Größe eines modernen Mobil-Telefons hervorgerufen, jeden Menschen mit der Vision einer solchen Welt einhüllen wird, neben der das Paradies als Lager alter Gummistiefel erscheinen muß. In diesem Leben wird auf diese Art und Weise jeder das haben, wonach es ihn verlangt, von den Windeln bis zum Grabstein, geruchlos elektronisch. Von Zeit zu Zeit wird sich auch ein Hündchen auf den automatischen Friedhof verirren und sein Beinchen heben, aber mit Chanel Nr. 5 pinkeln, denn es wird ein elektroparfümiertes Hündchen sein. Selig tagträumend, werden die phantomatisierten Massen weiterhin Kinder gebären, doch wird diese Kinderschar als ausgeträumt und damit irreal selbst einen wichtigen Beitrag zum gefälligen Ende der Welt leisten, was, wie der unvergessene Kisielewski zu sagen pflegte, ich euch und mir wünsche.

Stanisław Lem
Die Technologiefalle

Essays

Aus dem Polnischen von Albrecht Lempp
300 Seiten. Gebunden

Vieles von dem, was heute Wirklichkeit geworden ist, hat der polnische Zukunftsforscher und Science-fiction-Autor Stanisław Lem vor mehr als drei Jahrzehnten meist in phantastischer Formulierung vorweggenommen.

Staniław Lem unterzieht in *Die Technologiefalle* die technische Entwicklung, die Biotechnologie und Gentechnik, die Informationstechnologie und die sogenannte Künstliche Intelligenz einer strengen Prüfung. Als Paradigma, an das alles Menschengemachte nicht heranreicht, erscheint die natürliche Evolution. Die Technoevolution hat kaum eine Chance, deren Vollkommenheit zu erreichen, und jedes gelöste Problem läßt neue Probleme entstehen.

»Lems *Technologiefalle* ist kein schwieriges, technisches oder auch nur humorloses Buch. Es ist sehr unterhaltend und weitaus mehr als nur spekulativ, auch wenn der Autor in der Zukunft, die er berechnet und beschreibt, nicht gelebt hat. Manche leben ja noch nicht einmal in der Gegenwart. Doch wer's tut, für den ist dieses Buch.«

Frank Schirrmacher, Frankfurter Allemeine Zeitung

Stanisław Lem
Summa technologiae

*Mit einem Vorwort des Autors
zur deutschen Ausgabe*

Aus dem Polnischen von Friedrich Griese
656 Seiten. suhrkamp taschenbuch 678

Nicht zufällig erinnert der Titel dieses großen theoretischen Werks von Stanisław Lem an das Hauptwerk von Thomas von Aquin, an die *Summa theologica*. Während Thomas von Aquin in seinem philosophisch-theologischem Werk die Summe der damaligen Erkenntnisse zog, entwickelt Lem ein System der technologischen Entwicklung unserer Kultur, das weite Perspektiven in die Zukunft bietet.

Die *Summa technologiae* faßt die greifbaren Ergebnisse der futurologischen Wissenschaften zusammen und entwickelt Konzeptionen von der, nein von einer oder besser: von einigen möglichen »Zukünften«. Was können wir von unserer zukünftigen Zivilisation wissen? Die Futurologie ist keine »Wissenschaft«, sondern Schlachtfeld widerstreitender Interessen. Exakte Prognosen erweisen sich schnell als lächerlich.

Fast alle menschlichen Errungenschaften sind Plagiate von »Erfindungen«, die die Natur schon lange vor der menschlichen Existenz gemacht hat. Wir stehen also vor der Notwendigkeit, den weiteren Gang unserer Zivilisation planvoll zu bestimmen. Lems Werk bietet dazu die Voraussetzung.

Stanisław Lem
Sterntagebücher

Mit Zeichnungen des Autors

Aus dem Polnischen von Caesar Rymarowicz
530 Seiten. suhrkamp taschenbuch 3313.
(Romane des Jahrhunderts)

Mit dem Erzählzyklus über die Erlebnisse des Weltraumfahrers Ijon Tichy, eines kosmischen Münchhausens der künftigen Jahrhunderts, ist Stanisław Lem ein literarisch großer Wurf geglückt. Paradox, einfallsreich, sprühend vor Ideen, hat Lem konventionelle Methoden von Satire und Allegorie übernommen und sie parodistisch gegen die Science-fiction gekehrt. Lem schickt den Leser tief in die Zukunft, treibt dort ein höhnisch-launisches, scharfsinnig erfinderisches Spiel, und holt ihn dann wieder belehrt auf die Erde zurück. Tichy, nie verlegen, besucht die kuriosesten Staatswesen der Galaxis, geht auf Kulupenjagd, korrigiert die Vergangenheit, besteht den Kampf mit räuberischen Riesenkartoffeln und den noch schwereren mit sich selbst, erschafft zeitreisend durch verrückte Experimente Marskanäle und erzählt herzerfrischend wahnwitziges Zeug über die eigene Abkunft. Ins Spiel der freien Phantasie mischen sich jedoch ernste philosophische Spekulation und politische Anspielung.

»Die Geschichten schäumen über von Erfindungsspaß. Bizarrste Einfälle, abenteuerlichste Skurrilitäten, erstaunlichste Grotesken, vergnügliche Spiele purzeln übereinander, und das alles läßt immer neu die erstaunlichste Intelligenz spüren, die da agiert.«

Heinrich Vormweg